Heinz Overschmidt
Ramon Gliewe

Sportboot-führerschein Binnen

Motor

Mit offiziellen Prüfungsfragen

Delius Klasing Verlag

Die Deutsche Bibliothek – CIP-Einheitsaufnahme

Overschmidt, Heinz:
Sportbootführerschein Binnen – Motor: mit offiziellen
Prüfungsfragen/Heinz Overschmidt; Ramon Gliewe. – 10. Aufl.
Bielefeld: Delius Klasing, 2002
ISBN 3-7688-0658-8

10. Auflage
ISBN 3-7688-0658-8
© by Delius, Klasing & Co. KG, Bielefeld

Zeichnungen: John Bassiner, Karin Buschhorn
Fotos: boote/Archiv S. 54, 74;
Coronet S. 37 r. o.; Larry Dunmire S. 83;
Gliewe/Archiv S. 2, 6, 37 l. o.; Kai Greiser S. 52;
Hans-Günter Kiesel S. 29, 33, 41, 57, 72, 80;
Günther Lamek S. 8, 84; OMC S. 36 u., 37 r. u., 40;
Rio/boote S. 34; Andreas Saal S. 68, 112; Joachim Schult S. 79;
Egon Teske S. 10, 76; Vandervalk Shipyards S. 36 o.;
Vetus S. 47; Wiking Schlauchbootwerft S. 37 l. u., 78

**Die Sicherheitsausrüstung (Seite 52) wurde uns
von Yachtausrüster A. W. Niemeyer, Hamburg,
zur Verfügung gestellt.**

Druck: Kunst- und Werbedruck, Bad Oeynhausen
Printed in Germany 2002

Delius Klasing Verlag, Siekerwall 21, D-33602 Bielefeld
Tel.: 0521/559-0, Fax: 0521/559-113
e-mail: info@delius-klasing.de
www.delius-klasing.de

Geleitwort

Dem motorisierten Wassersport kommt ein hoher Freizeitwert zu. Ständig steigt die Zahl seiner Anhänger. Mögen sie nun mit Schlauchboot und Caravan auf Wochenendtour oder mit einer hoch motorisierten Yacht auf »große Fahrt« gehen. Aber auch die Verkehrsdichte auf den Gewässern ist gleichermaßen gewachsen. So ist denn ein »Befähigungsnachweis« unerlässlich geworden, um das Zusammenleben von Sport- und Berufsschifffahrt auf dem Wasser zu ordnen. Zudem ist ein Motorboot ein äußerst kostspieliges Sportgerät, dessen Beherrschung Kenntnisse und Fähigkeiten erfordert. Dieses überaus erfolgreiche Lehrbuch, das sich in der Unterrichtspraxis hervorragend bewährt hat, war bereits unzähligen begeisterten Motorbootfahrern eine willkommene Hilfe bei ihrer Vorbereitung auf die Führerscheinprüfung. Und auch später noch, nach bestandener Prüfung, diente und dient es so manchem weiterhin als ein verlässlicher Begleiter und handlicher Ratgeber bei der Ausübung des aktiven Motorbootsports.

Dieses Buch enthält den gesamten Prüfungsstoff für den Sportboot-Führerschein Binnen des Deutschen Motoryachtverbandes, übersichtlich aufbereitet und in verständlicher Sprache dargeboten. Konzipiert worden ist es nach modernen visuellen und didaktischen Gesichtspunkten. Es beschränkt sich jedoch nicht nur auf den für die Prüfung unbedingt erforderlichen Wissensstoff, sondern ist darüber hinaus geeignet, den Motorbootfahrer als praktischer Ratgeber an Bord zu begleiten. Denn es enthält viele nützliche Tipps, Anregungen und Informationen aus der täglichen Motorboot-Praxis, die weit über das hinaus gehen, was Ihnen ein Führerschein-Kursus vermitteln kann.

Ich hoffe, dieses Lehrbuch kann die Kenntnisse und Fertigkeiten vermitteln, die zum sicheren und rücksichtsvollen Führen eines Motorbootes in allen Situationen notwendig sind. Im Anhang enthält es die amtlichen Prüfungsfragen und dazu Modellantworten, die von den Wassersportverbänden, in Zusammenarbeit mit dem Bundesministerium für Verkehr, Bau- und Wohnungswesen, erarbeitet und zusammengestellt worden sind. Sie sollen die Vorbereitung auf die Führerscheinprüfung weiterhin erleichtern.

Da dieses Buch zur Sicherheit auf dem Wasser und – im übertragenen Sinn – zur Erhaltung der Freiheit des Motorbootsports entscheidend beiträgt, ist ihm eine weite Verbreitung zu wünschen.

Heinz Overschmidt (1925-2001)
Ehrenpräsident des Verbandes
Deutscher Sportbootschulen

Inhalt

Der Sportboot-Führerschein Binnen

Jeder braucht diesen Sportboot-Füh-rerschein, der auf Binnenschifffahrts-straßen ein Motor- oder Segelboot mit einem Motor von mehr als 3,68 kW (5 PS) fahren will. Das fordert die Sportbootführerscheinverordnung Binnen (SportbootFüV-Bin) vom 22. 3. 1989.

Binnenschifffahrtsstraßen im Sinne dieser Führerscheinverordnung sind die Bundeswasserstraßen Rhein, Donau, Mosel, Saar, Main, Main-Donau-Kanal, Neckar, Lahn, Schifffahrtsweg Rhein-Kleve, Ruhr, Rhein-Herne-Kanal, Wesel-Datteln-Kanal, Datteln-Hamm-Kanal, Dortmund-Ems-Kanal, Mittellandkanal mit seinen Zweigkanä-len, Ems bis Gleesen, Küstenkanal, Leda, Elisabethfehnkanal, Ems-Seiten-Kanal, Oldersum-Emden, Weser bis Bremen, Werra, Fulda, Aller, Leine, Elbe-Seiten-Kanal, Elbe bis Hamburg, Ilmenau, Elbe-Lübeck-Kanal, Trave bis Lübeck, Saale, Elbe-Havel-Wasser-

straße, Untere Havel-Wasserstraße, Teltow-Kanal, Havel-Oder-Wasser-straße, Spree-Oder-Wasserstraße, Oder zwischen Ratzdorf und Widuchowa, Obere Havel-Wasserstraße, Müritz-Elde-Wasserstraße, Peene, Ücker bis Randow.

Anschließende Flussstrecken, die in Nord- oder Ostsee münden, sind See-schifffahrtsstraßen, auf denen der Bin-nen-Schein nicht gilt, sondern der amt-liche Sportbootführerschein See erfor-derlich ist.

Alle hier nicht genannten Binnenge-wässer stehen unter der Verwaltung der Bundesländer oder der Kommunen. Wenn auf ihren Gewässern das Motor-bootfahren überhaupt erlaubt ist, ver-langen sie ebenfalls den Führerschein Binnen.

Eine Sonderregelung gibt es für be-stimmte Gewässer in Berlin und Bran-denburg. Dort ist für alle Motorboote der Sportbootführerschein vorge-schrieben, unabhängig von der Stärke ihrer Motorisierung.

Der Binnen-Schein reicht nicht aus für Motorboote mit einer Länge von 15 Metern und mehr. Für sie braucht man ein amtliches Sportschifferzeug-nis beziehungsweise Sportpatent für den Rhein.

Der Sportboot-Führerschein Binnen gilt ferner nicht auf dem (internatio-nalen) Bodensee. Dort ist das Bodensee-schifferpatent erforderlich, das jedoch in den Sportboot-Führerschein umge-schrieben werden kann.

Wie bekommt man den Führerschein?

Wer einen Sportboot-Führerschein er-werben will, muss folgende Anforde-rungen erfüllen:

❑ das 16. Lebensjahr vollendet haben,
❑ gesundheitlich, charakterlich und geistig geeignet sein (ausreichendes

BUNDESREPUBLIK DEUTSCHLAND

**SPORTBOOT-
FÜHRERSCHEIN
BINNEN**

Hör-, Seh- und Farbunterscheidungsvermögen),

❏ zum Führen eines Motorbootes befähigt sein.

Diese seine Befähigung hat er vor einem Prüfungsausschuss des Deutschen Motoryachtverbandes (DMYV) nachzuweisen. Die Zulassung zur Prüfung muss auf einem Formblatt des DMYV bei einem der auf Seite 110 aufgeführten Prüfungsausschüsse beantragt werden. Diesem Antrag sind folgende Unterlagen beizufügen:

❏ Ein Lichtbild 38 x 45 mm, ohne Kopfbedeckung im Halbprofil.

❏ Die Kopie eines gültigen Kfz-Führerscheins oder, auf Verlangen, ein Führungszeugnis nach den Vorschriften des Bundeszentralregisters, nicht älter als 6 Monate.

❏ Ein ärztliches Tauglichkeitszeugnis (Formblatt des DMYV).

❏ Eine Erklärung, dass dem Bewerber keine (frühere) Fahrerlaubnis für Sportboote entzogen worden ist (auf der Rückseite des Antrags vorgedruckt).

Die Prüfung

Sie besteht aus einem theoretischen und einem praktischen Teil.

Theorie

Geprüft wird schriftlich und mündlich. Für die schriftliche Prüfung gibt es einen offiziellen bundeseinheitlichen Fragenkatalog. Sie finden ihn auf den Seiten 85–109. Aus diesen 296 Fragen werden 25 Bogen mit je 30 Fragen ausgewählt, die in den unterschiedlichsten Kombinationen zusammengestellt werden. Die 30 Fragen müssen innerhalb von 60 Minuten beantwortet werden. Dabei dürfen keine Hilfsmittel hinzugezogen werden. Da nicht alle Fragen von gleicher Wichtigkeit sind, wurden sie mit einem, zwei und drei Punkten bewertet. 60 ist die höchste Punktzahl, die man in einer Prüfung erreichen kann. Hat man beispielsweise eine mit drei Punkten bewertete Frage nur teilweise richtig beantwortet, erhält man nur einen oder zwei Punkte.

Wer nur 39 oder weniger Punkte erreicht, hat die Prüfung nicht bestanden. Werden mindestens 40, aber weniger als 51 Punkte erzielt, ist eine mündliche Prüfung erforderlich. Bei 51 und mehr Punkten gilt die Prüfung als bestanden. Wer in die mündliche Prüfung kommt, dem können Fragen aus dem gesamten Fragenkatalog gestellt werden. Allerdings nicht mehr solche, die von ihm in der schriftlichen Prüfung nicht richtig beantwortet worden waren.

Praxis

Im praktischen Teil soll der Prüfungskandidat zeigen, ob er die zur sicheren Führung eines Motorbootes erforderlichen Kenntnisse und Fähigkeiten besitzt. Verlangt wird:

❏ Steuern nach Schifffahrtszeichen, anderen Objekten oder Kompass.

❏ Manövrieren (Ablegen, Anlegen, Festmachen, Wenden auf engem Raum, Mann-über-Bord-Manöver).

❏ An seemännischen Knoten: Zwei halbe Schläge, Kreuzknoten, einfacher/doppelter Schotstek, Palstek, Webeleinstek, Stopperstek, Slipstek und Belegen auf einer Klampe mit Kopfschlag.

Hat man, auch mit der mündlichen Prüfung, keine 51 Punkte erreicht oder in der Praxis mit seinen Manövern die Prüfer nicht überzeugen können, gilt die Prüfung als nicht bestanden. Man muss oder kann sie wiederholen. Allerdings frühestens nach Ablauf eines Monats. Bestandene Teile der ersten Prüfung – sei es Theorie oder Praxis – werden anerkannt und brauchen nicht wiederholt zu werden, sofern die Prüfung nicht länger als zwölf Monate zurückliegt.

Der Entzug des Führerscheins

Der Sportboot-Führerschein kann entzogen werden, wenn der Inhaber

❏ wegen Gefährdung des Schiffsverkehrs rechtskräftig verurteilt worden ist,

❏ wiederholt mit Geldbußen geahndete Zuwiderhandlungen gegen strom- und schifffahrtspolizeiliche Vorschriften begangen hat,

❏ unter Alkoholeinfluss, Einwirkung von Drogen oder anderer berauschender Mittel ein Boot geführt hat oder

❏ einer im Führerschein eingetragenen Auflage (etwa eine Sehhilfe zu tragen) nicht nachgekommen ist.

Der Sportboot-Führerschein wird entzogen, wenn sich herausstellt, dass er durch falsche Angaben oder arglistige Täuschung erschlichen wurde. Oder wenn sich im Laufe der Zeit ein körperliches Gebrechen oder eine geistige Beeinträchtigung zeigt, sodass der Führerschein-Inhaber den an ihn als Bootsführer gestellten Anforderungen nicht mehr gewachsen ist.

Verkehrskunde

Die Verkehrsvorschriften

❑ Die **Binnenschifffahrtsstraßen-Ordnung** (BinSchStrO) regelt den Verkehr auf den deutschen Binnenschifffahrtsstraßen, so weit dort nicht andere Verordnungen gelten wie

❑ die **Rheinschifffahrtspolizeiverordnung** (RheinSchPVO) auf dem Rhein,

❑ die **Moselschifffahrtspolizeiverordnung** (MoselSchPVO) auf der Mosel,

❑ die **Donauschifffahrtspolizeiverordnung** (DonauSchPVO) auf der Donau.

Alle stimmen weitgehend überein, berücksichtigen aber lokale Besonderheiten der verschiedenen Flussreviere. Einige Abweichungen enthält die internationale

❑ **Bodensee-Schifffahrtsordnung** (BodenseeSchO).

Darüber hinaus gibt es Ergänzungen für Berlin und diverse Landesgewässer, auf denen Verordnungen der einzelnen Bundesländer oder der Landes- und Kommunalbehörden gelten. Sie weichen teilweise erheblich voneinander ab und müssen hier unberücksich-

tigt bleiben. Es ist deshalb unerlässlich, vor dem Befahren eines fremden Reviers sich jeweils bei den zuständigen Schifffahrtsbehörden nach den geltenden Vorschriften zu erkundigen. Verstöße werden als Ordnungswidrigkeiten mit Bußgeld geahndet.

> *Merke: Die Kenntnis der Binnenschifffahrtsstraßen-Ordnung reicht nicht aus, um alle deutschen Binnengewässer zu befahren.*

Geltungsbereich der Schifffahrtsordnungen

Eider-Kanal
Nord-Ostsee-Kanal
Kiel
Krückau Pinnau
Hamburg
Stralsund
Rostock
Wismar
Peene
Emden
Oste
Elbe
Schwerin
Weser
Bremen
Elbe
Müritz-Elde-Wasserstr.
Oder-Havel-Kanal
Küsten-Kanal
Aller
Elbe-Seiten-Kanal
Weser-Elbe-Kanal
Havel
Berlin
Hase
Leine
Oder
Dortmund-Ems-Kanal
Mittelland-Kanal
Hannover
Elbe-Havel-Kanal
Oder-Spree-Kanal
Münster
Hamm
Weser
Magdeburg
Duisburg
Essen
Dortmund
Halle
Saale
Elbe
Köln
Kassel
Werra
Unstrut
Leipzig
Bonn
Eder
Fulda
Erfurt
Dresden
Rhein
Lahn
Koblenz
Frankfurt
Main
Würzburg
Main
Mosel
Main
Bamberg
Trier
Mainz
Saar
Main-Donau-Kanal
Saarbrücken
Neckar
Nürnberg
Donau
Rhein
Stuttgart
Plochingen
Regensburg
Ulm
Augsburg
Passau
Donau
Freiburg
München

- ▬ Binnenschifffahrtsstraßen-Ordnung (BinSchStrO)
- ▬ Rheinschifffahrtspolizeiverordnung (RhSchPVO)
- ▬ Moselschifffahrtspolizeiverordnung (MoselSchPVO)
- ▬ Donauschifffahrtspolizeiverordnung (DonauSchPVO) mit Donauschifffahrtsverkehrsordnung
- ▬ Bodensee-Schifffahrtsordnung (BodenseeSchO)
- ▬ Seeschifffahrtsstraßen-Ordnung (SeeSchStrO)

Kleinfahrzeuge

Die Binnenschifffahrtsstraßen-Ordnung unterscheidet nicht zwischen Sportboot und Berufsschiff. Sie kennt nur »Kleinfahrzeuge« und »Fahrzeuge«.

❑ Kleinfahrzeuge sind Boote unter Rudern, Segeln oder Motor, Amphibien- und Luftkissenfahrzeuge und Tragflügelboote von weniger als 20 Meter Länge.

Nicht dazu zählen Schlepper, Fähren oder Boote, die für mehr als 12 Fahrgäste zugelassen sind.

Diese Definition ist sehr wichtig, denn **Kleinfahrzeuge haben grundsätzlich allen Fahrzeugen auszuweichen.** Eine Motoryacht von 19,80 m ist demnach ein Kleinfahrzeug und muss jeder Segelyacht (unter 20 m) und jedem Ruderboot ausweichen. Eine Motoryacht von 20,10 m dagegen zählt als Fahrzeug, dem jedes Segel- und Motorboot (unter 20 m) und Ruderboot auszuweichen hat. Die Führerscheinregelung bleibt von dieser verkehrsrechtlichen Definition unberührt. Sie gilt nur für Boote von weniger als 15 Meter Länge.

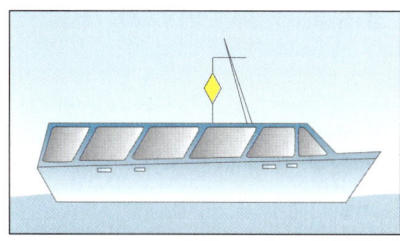

1 gelber Doppelkegel *an gut sichtbarer Stelle geführt, bezeichnet ein Schiff von weniger als 20 m Länge, aber für mehr als 12 Fahrgäste zugelassen, dem alle »Kleinfahrzeuge« auszuweichen haben.*

Führerscheine

Bootskategorie	Führerschein
Ruder- und Segelboote unter 15 m ohne Motor oder mit weniger als 3,69 kW (5 PS) motorisiert (ausgenommen Berlin)	Nicht erforderlich
Motor- und Segelboote unter 15 m mit mehr als 3,68 kW (5 PS) motorisiert Großraum Berlin/Brandenburg: Auf bestimmten Gewässern alle Motorboote und Segelboote mit mehr als 3 m² Segelfläche	Sportboot-Führerschein Binnen des Deutschen Motoryachtverbandes oder des Deutschen Segler-Verbandes
Yachten ab 15 m bis 25 m Länge	Sportschifferzeugnis – Rhein: Sportpatent

Sportboote von 10 m³ Wasserverdrängung und mehr müssen ins Binnenschiffsregister eingetragen werden. Sportboote zwischen 5 m³ und 10 m³ können eingetragen werden.

Schiffsführung und Sorgfaltspflicht

Der Führerscheininhaber braucht nicht selbst am Ruder zu sein. Er kann auch »eine geeignete Person« – Mindestalter 16 Jahre – fahren lassen, die keinen Führerschein besitzt. Doch er bleibt voll verantwortlich für alles, was an Bord geschieht. In allen Situationen hat er der »allgemeinen Sorgfaltspflicht« nachzukommen. Das beginnt bereits mit dem Ablegen.

> *Merke: In Gefahrensituationen muss der Schiffsführer alle Maßnahmen treffen, um die Gefahr abzuwenden, auch wenn dabei gegen die geltenden Bestimmungen verstoßen wird.*

❏ Das Boot muss so gebaut und ausgerüstet sein, dass die Sicherheit der Menschen an Bord gewährleistet ist und die Verpflichtungen erfüllt werden können, die sich aus den Verkehrsvorschriften ableiten.

Verboten ist:

❏ Öl, Benzin, Fäkalien oder andere Abfälle ins Wasser abzuleiten oder zu werfen. Sie gehören in Sammeltanks.

❏ Festmachen an Schifffahrtszeichen, oder im Fahrwasser zu ankern. Auch auf Kanälen, neben Hafeneinfahrten, an Fährstrecken, im Bereich von Anlegestellen, unter Brücken und Hochspannungsleitungen ist Ankern oder Festmachen verboten. Und selbstverständlich überall dort, wo entsprechende Verbotsschilder aufgestellt sind.

❏ Anlegen oder Anhängen an ein fahrendes Schiff – ohne ausdrückliche Erlaubnis des Schiffsführers – und das Mitfahren im Sogwasser.

❏ Den Kurs von Berufsschiffen in gefährlicher Weise zu kreuzen, zwischen dicht hintereinander folgenden Schiffen hindurchzufahren oder zwischen die einzelnen Anhänge eines Schleppverbandes zu laufen. Auch Fähren gegenüber sollte man stets einen reichlich bemessenen Sicherheitsabstand einhalten. Grober Unfug ist es, mit einem schnellen Motorboot ein Schiff zu umkreisen. Es irritiert den Schiffer und veranlasst ihn womöglich zu einer Reaktion, durch die er sich und andere gefährdet.

Geschwindigkeitsbeschränkungen

Auf vielen Gewässern bestehen Geschwindigkeitsbeschränkungen. Auf Berliner Gewässern sogar verschiedene Geschwindigkeitszonen. Sofern die Geschwindigkeitsbegrenzung nur für einzelne Streckenabschnitte gilt, sind diese durch entsprechende Hinweisschilder gekennzeichnet.

Nicht durch Hinweisschilder kenntlich gemacht sind Wasserstraßen, auf denen eine allgemeine Geschwindigkeitsbeschränkung besteht. Beispielsweise auf allen deutschen Kanälen. Das zeigt, wie wichtig es ist, sich vor dem Befahren eines unbekannten Gewässers nach den geltenden Vorschriften bei der Polizei zu erkundigen. Aber auch die zulässige Höchstgeschwindigkeit darf nicht durchgehend ausgefahren werden. Beim Passieren von fahrenden oder festliegenden Schiffen oder von wasserbaulichen Anlagen und Baggern muss mit der Fahrt so weit heruntergegangen werden, dass starker Sog und Wellenschlag vermieden werden.

Bei Hochwasser können zeitweilig zusätzliche Geschwindigkeitsbeschränkungen, Sperrungen und sogar totales Fahrverbot verhängt werden.

Umweltschutz

Für jeden Motorbootfahrer sollte es selbstverständlich sein, alles zu tun, um die Umwelt nicht zu belasten und seine Mitmenschen nicht unnötig zu belästigen. Dazu zählt eine gute Schalldämpfung des Motors und die richtige Vergasereinstellung. Sie spart außerdem Benzin und verlängert die Lebensdauer des Motors. Ferner gilt bei Zweitaktern, kein zu fettes Gemisch zu fahren, sondern sich unbedingt genau an die Angaben des Motorherstellers zu halten. Besondere Aufmerksamkeit verdienen die Fahr- und Liegeverbote in Natur und Landschaftsschutzgebieten. Rücksichtnahme auf die Tier- und Pflanzenwelt ist für jeden eine Selbstverständlichkeit, auch dort, wo keine Schilder aufgestellt sind.

Gebots-, Verbots-, Hinweisschilder

  Wasserflächen im Fahrwasser, auf denen Wassermotorradfahren und Wasserskilaufen erlaubt ist (entsprechend Wassermotorräder- und Wasserski-Verordnung)

  Liegeplatz auch für Kleinfahrzeuge (Sportboote)

 Wenn das rote Licht brennt, ist die Einfahrt in einen Hafen oder eine Nebenwasserstraße verboten

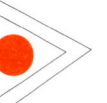 Vor dem Zeichen anhalten, bis Weiterfahrt freigegeben wird

 Segeln verboten

 Gebot, die angezeigte Richtung einzuschlagen

 Empfehlung, in diese Richtung zu fahren

 Wendeverbot

 Wendeplatz (dort besteht meist Anker- und Stillliegeverbot)

 Achtung! Vorsicht!

 Windsurfen verboten

  Liegeverbot (hier auf 500m)

 Festmachen verboten

 Festmachen erlaubt

 Gesperrte Wasserfläche oder Einfahrt (gilt nicht für Boote ohne Motorantrieb)

 Fahrverbot für Wassermotorräder

 Ankerverbot

 Ankern erlaubt*

 Begegnen und Überholen verboten (gilt nicht für »Kleinfahrzeuge«)

 Überholen verboten (gilt nicht für »Kleinfahrzeuge«)

 Geschwindigkeitsbeschränkung (hier auf 12 km/h)

 Für Sportboote aller Art verboten

 Ende eines Verbots oder Gebots oder Aufhebung einer Einschränkung

 Wehr

 Nicht frei fahrende Fähre

 40 m Abstand vom rechten Ufer halten

  1. Geschwindigkeit vermindern 2. Schädlichen Sog und Wellenschlag vermeiden

 Für motorisierte Boote verboten

*Nur auf Strecken verwendet, auf denen das Ankern, Stilllegen oder Festmachen generell verboten ist, um die Ausnahmeplätze zu markieren.

Ausweichregeln

Wer – wie auch immer – ausweichpflichtig ist, muss seinen Kurs rechtzeitig und entschlossen ändern und das andere Boot hinter dem Heck passieren. Ist dies aus irgendwelchen Gründen nicht möglich, so muss er unmissverständlich anzeigen, wie er ausweichen will. Sofern er ein Horn hat, durch ein entsprechendes Kursänderungssignal (siehe Seite 19).

Grundsätzlich gilt:

❑ Sportboote (»Kleinfahrzeuge«) von weniger als 20 m Länge haben aller gewerblichen Schifffahrt auszuweichen.

❑ Motorboote – auch Segelboote unter (mitlaufender) Maschine zählen dazu – auf Gegenkurs:
Beide müssen nach rechts (Steuerbord) ausweichen.
Auf kreuzenden Kursen:
Wer von rechts kommt hat Vorfahrt (genau wie im Straßenverkehr).

❑ Motor-, Segel- und Ruderboote: Das Motorboot muss dem Segelboot und dem Ruderboot ausweichen.

❑ Überholer müssen grundsätzlich ausweichen. Sie können rechts oder links überholen, wenn sie sich vergewissert haben, dass das Manöver gefahrlos durchgeführt werden kann.

❑ Ein kreuzendes Segelboot darf ein Sportboot, das sich an Steuerbord in Ufernähe befindet, nicht zum Ausweichen zwingen.

❑ In Häfen: Einlaufende Schiffe haben Vorfahrt vor auslaufenden. Ausnahme: der Bodensee.

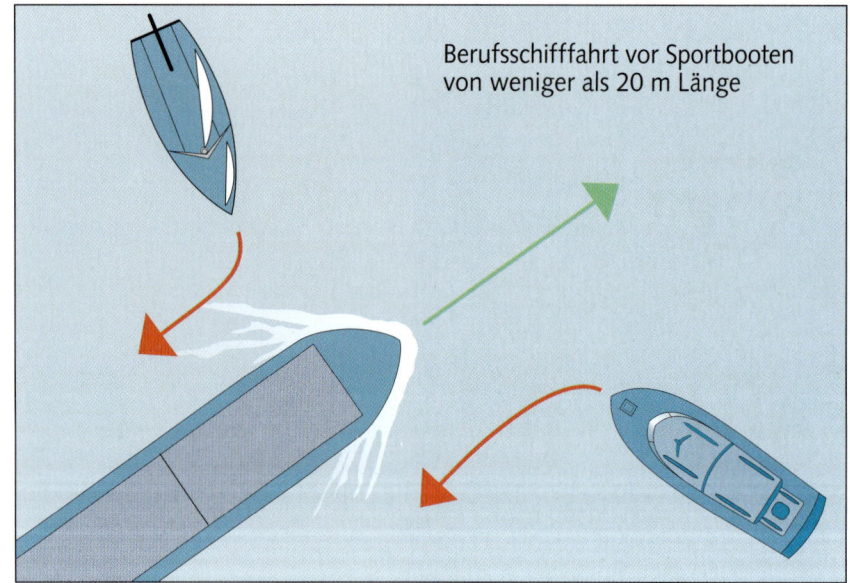

Berufsschifffahrt vor Sportbooten von weniger als 20 m Länge

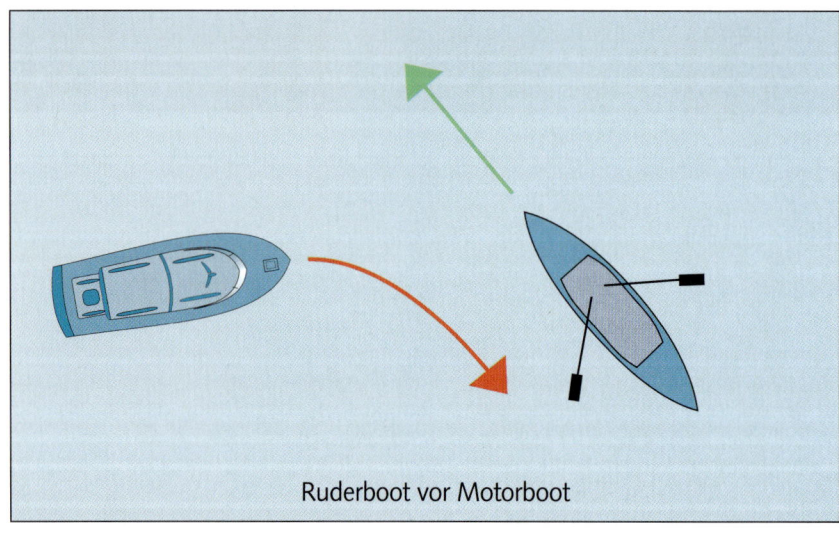

Ruderboot vor Motorboot

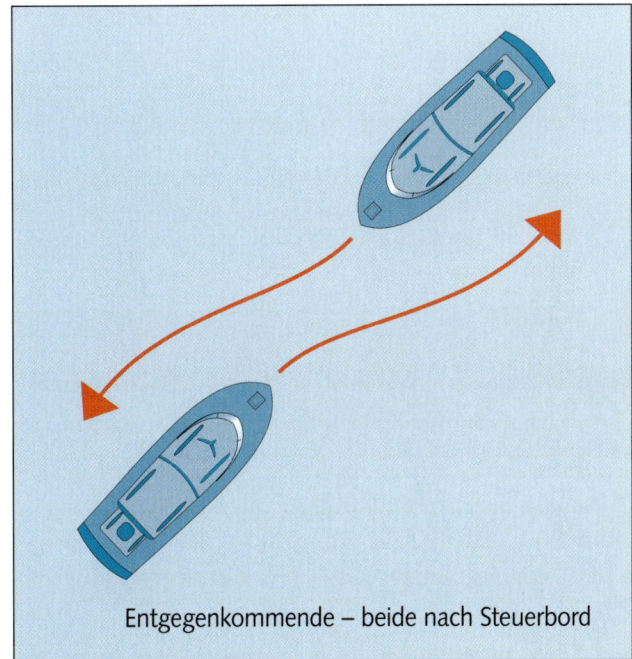

Entgegenkommende – beide nach Steuerbord

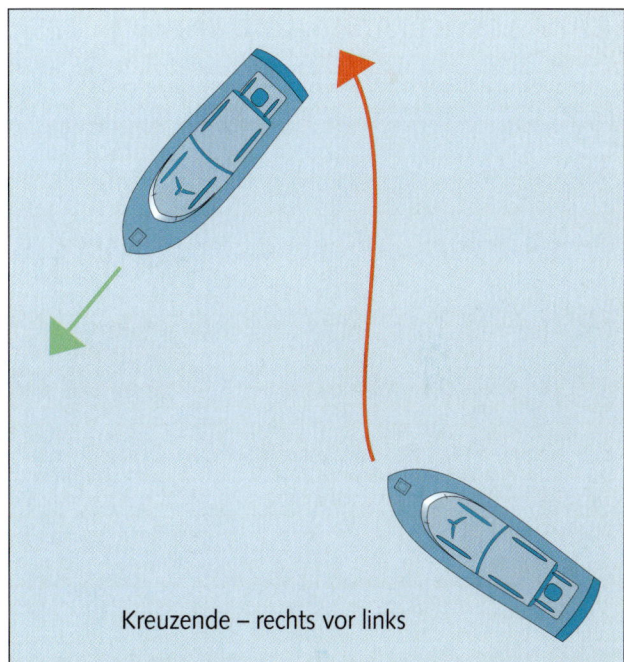

Kreuzende – rechts vor links

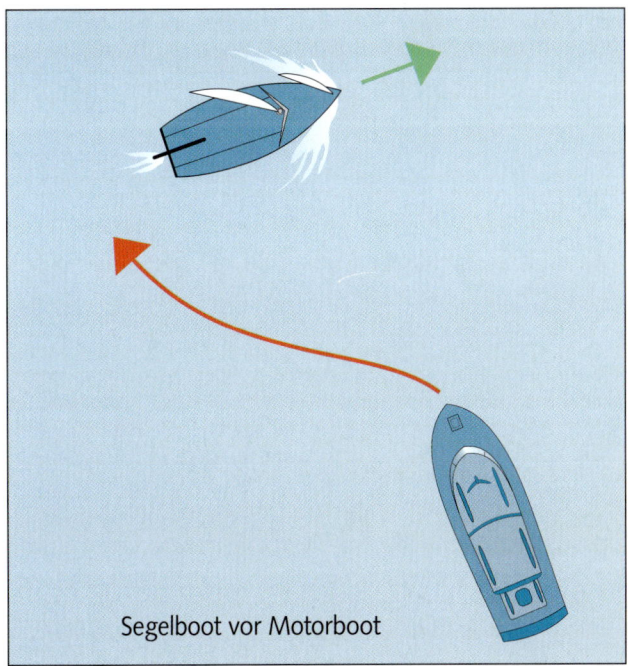

Segelboot vor Motorboot

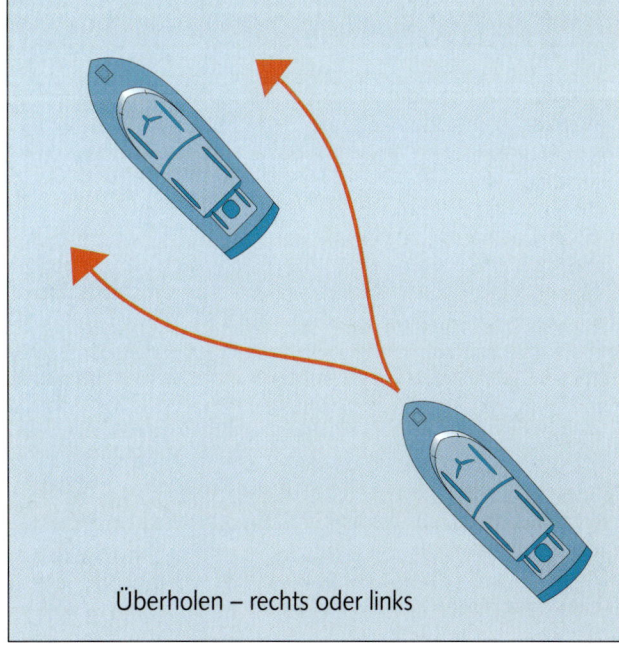

Überholen – rechts oder links

Fahrwassertonnen und Baken

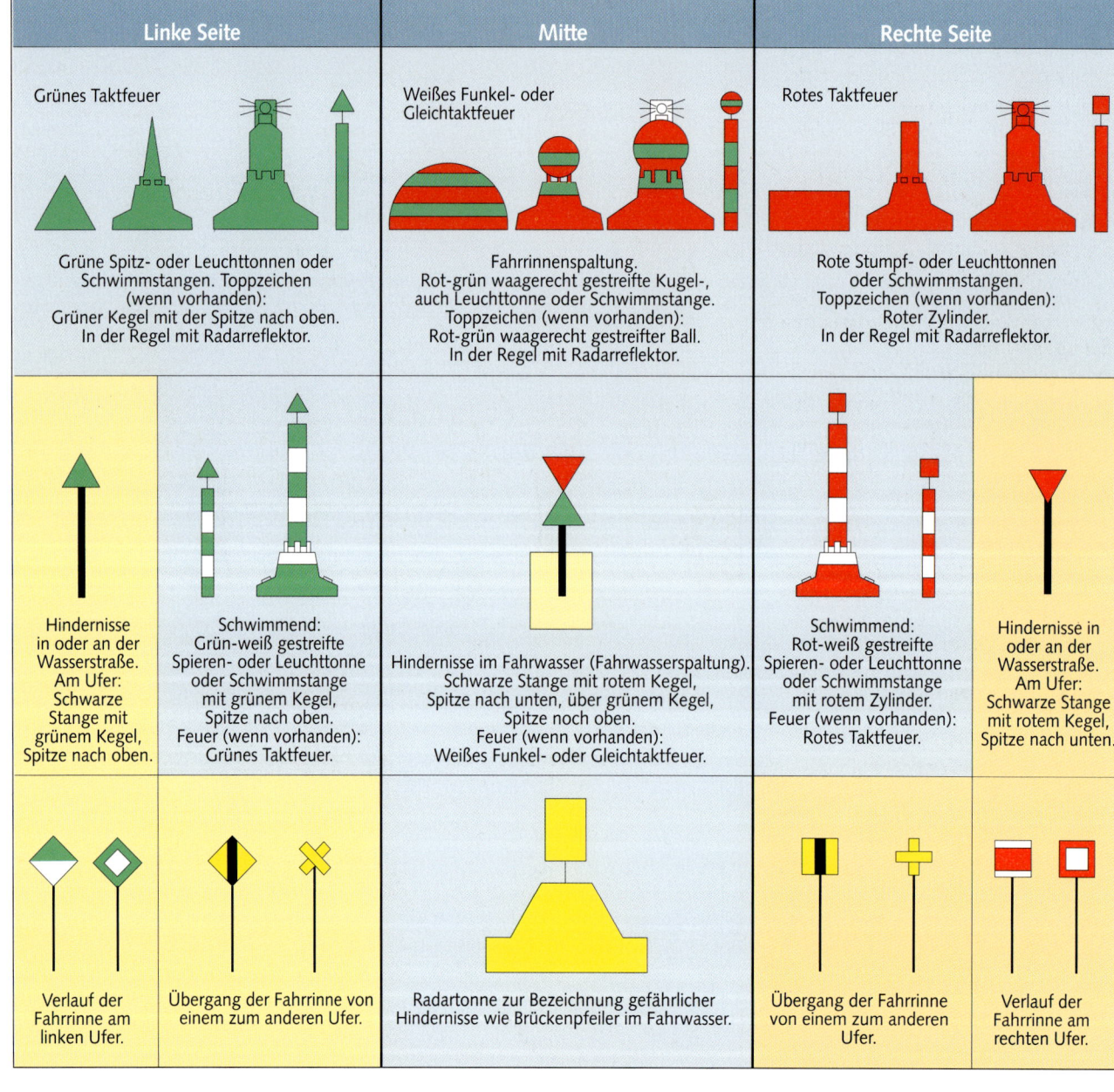

Linke Seite	Mitte	Rechte Seite
Grünes Taktfeuer	Weißes Funkel- oder Gleichtaktfeuer	Rotes Taktfeuer
Grüne Spitz- oder Leuchttonnen oder Schwimmstangen. Toppzeichen (wenn vorhanden): Grüner Kegel mit der Spitze nach oben. In der Regel mit Radarreflektor.	Fahrrinnenspaltung. Rot-grün waagerecht gestreifte Kugel-, auch Leuchttonne oder Schwimmstange. Toppzeichen (wenn vorhanden): Rot-grün waagerecht gestreifter Ball. In der Regel mit Radarreflektor.	Rote Stumpf- oder Leuchttonnen oder Schwimmstangen. Toppzeichen (wenn vorhanden): Roter Zylinder. In der Regel mit Radarreflektor.
Hindernisse in oder an der Wasserstraße. Am Ufer: Schwarze Stange mit grünem Kegel, Spitze nach oben.		
Schwimmend: Grün-weiß gestreifte Spieren- oder Leuchttonne oder Schwimmstange mit grünem Kegel, Spitze nach oben. Feuer (wenn vorhanden): Grünes Taktfeuer.	Hindernisse im Fahrwasser (Fahrwasserspaltung). Schwarze Stange mit rotem Kegel, Spitze nach unten, über grünem Kegel, Spitze noch oben. Feuer (wenn vorhanden): Weißes Funkel- oder Gleichtaktfeuer.	Schwimmend: Rot-weiß gestreifte Spieren- oder Leuchttonne oder Schwimmstange mit rotem Zylinder. Feuer (wenn vorhanden): Rotes Taktfeuer.
		Hindernisse in oder an der Wasserstraße. Am Ufer: Schwarze Stange mit rotem Kegel, Spitze nach unten.
Verlauf der Fahrrinne am linken Ufer.	Übergang der Fahrrinne von einem zum anderen Ufer.	Radartonne zur Bezeichnung gefährlicher Hindernisse wie Brückenpfeiler im Fahrwasser.	Übergang der Fahrrinne von einem zum anderen Ufer.	Verlauf der Fahrrinne am rechten Ufer.

Fahrwasser sind häufig durch Tonnen oder Baken begrenzt oder markiert. Rechts und links bezieht sich auf Binnenwasserstraßen immer auf die Richtung von der Quelle zur Mündung – auf die Fahrt zu Tal.

❑ Rechte Seite Fahrwasser – rote oder rot-weiße Tonnen, Spieren oder Schwimmstangen (Bober).

❑ Linke Seite Fahrwasser – grüne oder grün-weiße Tonnen, Spieren oder Schwimmstangen (Bober).

❑ Fahrwasserspaltung (also zwischen rot und grün) – rot-grün waagerecht gestreifte Tonnen, Spieren oder Schwimmstangen.

Ihre verschiedenen Formen und eine Reihe ergänzender Schifffahrtszeichen zeigt unsere Tafel.

Rechts in einem Beispiel verschiedene Möglichkeiten von Fahrwasser- und Fahrrinnenmarkierungen.

Sportboote mit geringem Tiefgang brauchen das ausgetonnte Fahrwasser nicht zu benutzen.

Einfahrtzeichen

dienen der Kennzeichnung von Einfahrten von einem See oder einer seeartigen Erweiterung in einen engeren Wasserstraßenabschnitt.

Rechtes Ufer: Raute aus schwarz/weißgestreiftem senkrechtem Lattenwerk. (Falls vorhanden: Rotes Taktfeuer.)

Linkes Ufer: Raute aus waagerechtem Lattenwerk. (Falls vorhanden: Grünes Taktfeuer.)

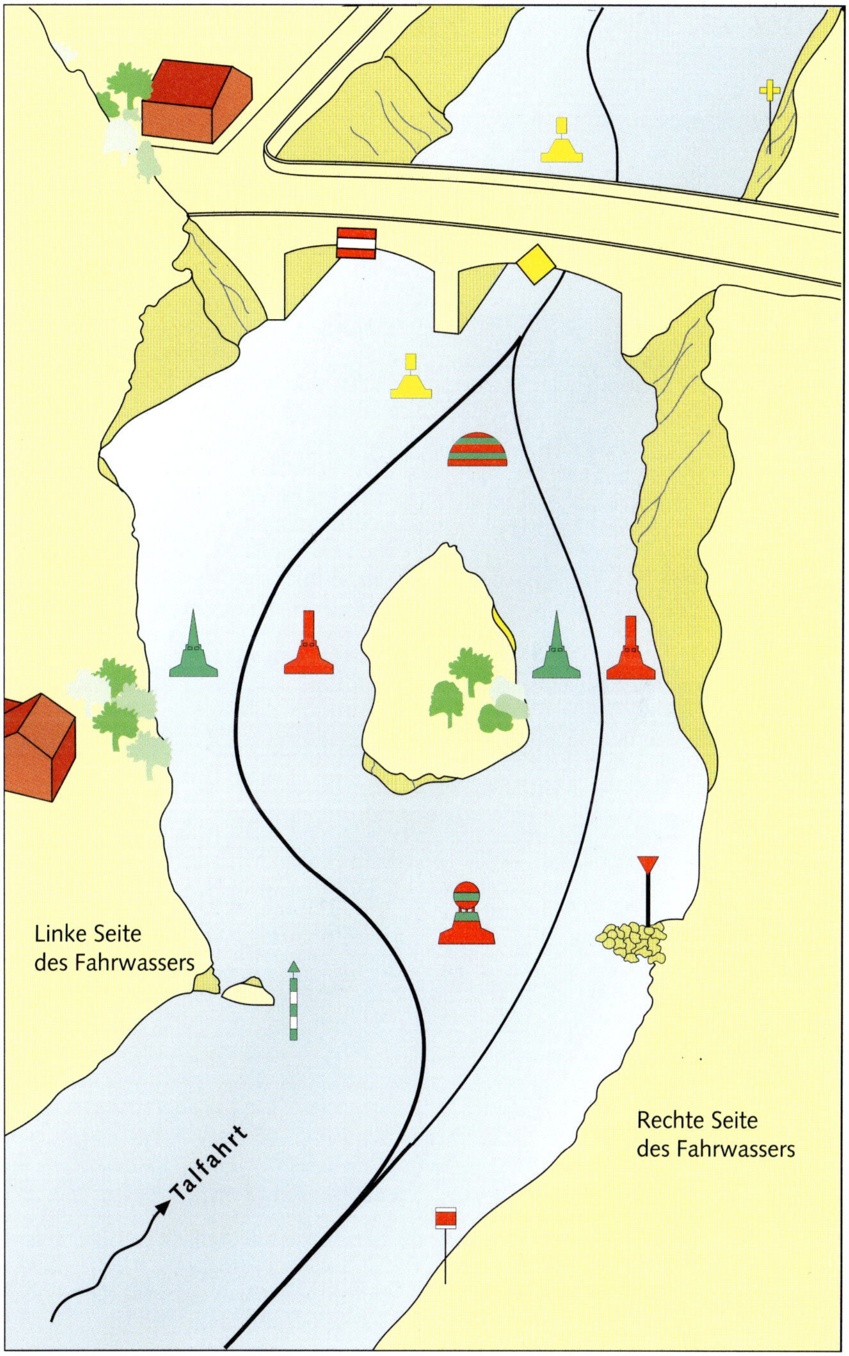

Linke Seite des Fahrwassers

Rechte Seite des Fahrwassers

Talfahrt

Brücken, Wehre und Sperrungen

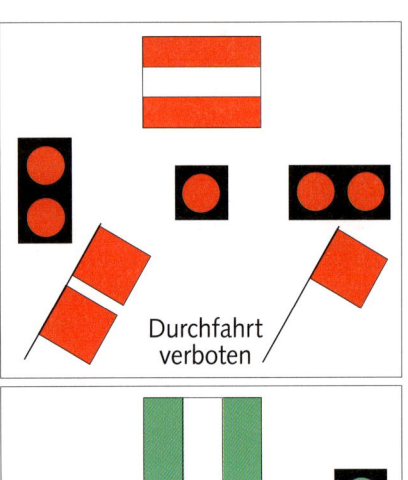

Durchfahrt
verboten

Durchfahrt frei

Um Durchfahrten unter Brücken zu markieren, zu sperren oder freizugeben oder auch um bestimmte Wasserstrecken zu sperren, gibt es die verschiedensten Signale: Tafeln, Lichter und Flaggen.

Rot bedeutet stets: keine Durchfahrt.

Grün bedeutet: freie Fahrt.

Auf die Spitze gestellte gelbe, beziehungsweise weiß-grüne Quadrate sind Empfehlungen, nur die rot-weißen sind Gebotsschilder. Die beiden gelben Quadrate können, statt nebeneinander, auch übereinander stehen.

Ein **Wehr** – im Allgemeinen wird darauf mit einem blauen Schild hingewiesen – darf nur dann durchfahren werden, wenn es entweder mit einem grünen Freifahrtzeichen oder einem gelben Quadrat für eine empfohlene Durchfahrtsöffnung gekennzeichnet ist.

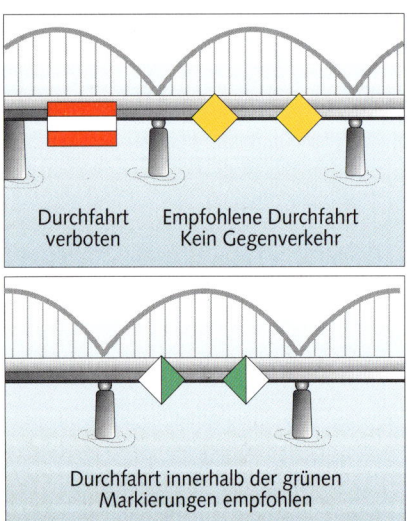

Durchfahrt
verboten

Empfohlene Durchfahrt
Kein Gegenverkehr

Durchfahrt innerhalb der grünen
Markierungen empfohlen

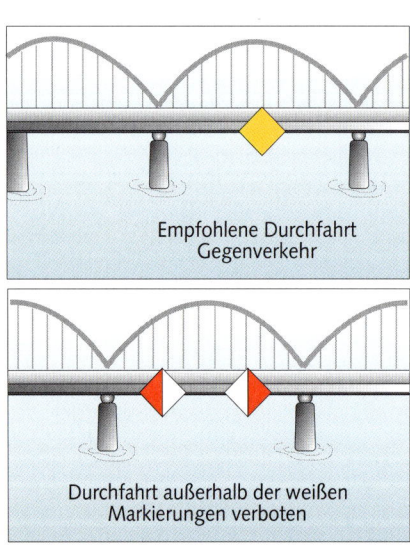

Empfohlene Durchfahrt
Gegenverkehr

Durchfahrt außerhalb der weißen
Markierungen verboten

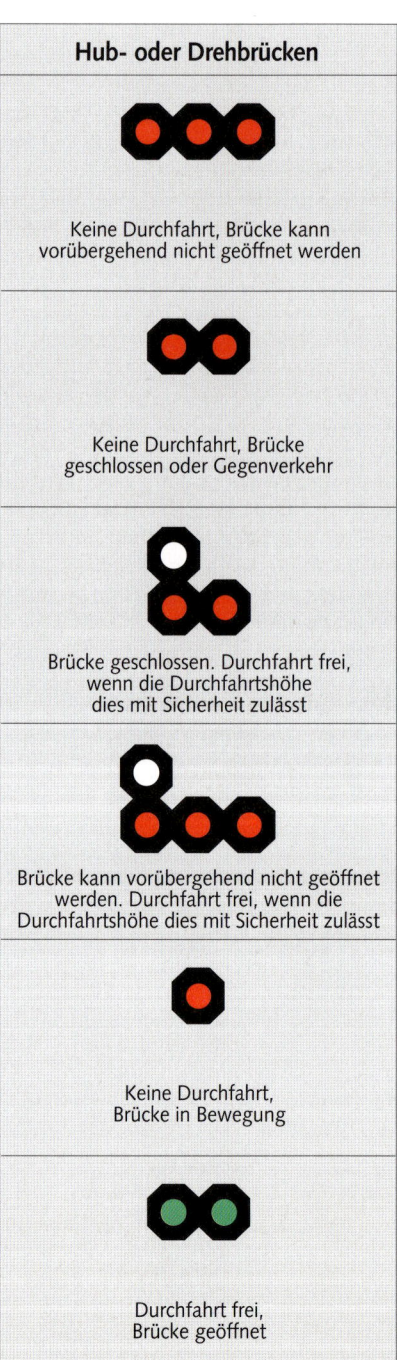

Hub- oder Drehbrücken

Keine Durchfahrt, Brücke kann
vorübergehend nicht geöffnet werden

Keine Durchfahrt, Brücke
geschlossen oder Gegenverkehr

Brücke geschlossen. Durchfahrt frei,
wenn die Durchfahrtshöhe
dies mit Sicherheit zulässt

Brücke kann vorübergehend nicht geöffnet
werden. Durchfahrt frei, wenn die
Durchfahrtshöhe dies mit Sicherheit zulässt

Keine Durchfahrt,
Brücke in Bewegung

Durchfahrt frei,
Brücke geöffnet

Schallsignale

Damit Schiffe sich untereinander unmissverständlich über ihre Absichten verständigen können, gibt es Schallsignale. Sie bestehen aus verschiedenen Kombinationen kurzer (•) und langer (▬) Töne. Berufsschiffe auf Binnenschifffahrtsstraßen müssen zusammen mit dem Schallsignal ein gleich langes gelbes Lichtzeichen geben.

Sportboote unter 20 m Länge brauchen keine Schallsignale zu geben. Wenn sie es dennoch tun, dürfen sie keine anderen Signale verwenden oder aus einem anderen Anlass geben. Ein Lichtzeichen ist für sie nicht erforderlich.

• = etwa 1 Sekunde Dauer,
▬ = etwa 4 Sekunden Dauer.
Die Pause zwischen zwei aufeinander folgenden Tönen beträgt etwa 1 Sek.

Das Bleib-weg-Signal

Vorgesehen ist es, wenn Schiffe mit brennbarer, explosiver, giftiger oder radioaktiver Ladung in gefährliche Situationen geraten. Es besteht aus einer mindestens 15 Minuten lang gegebenen Folge von einem kurzen und einem langen Ton.

Wer dieses Signal hört, muss sich so schnell und so weit wie möglich entfernen und sofort das Rauchen einstellen. Außerdem ist jeder verpflichtet, unverzüglich die nächste Strom- oder Schifffahrtspolizeibehörde oder Dienststelle der Wasserschutzpolizei zu informieren.

Das Bleib-weg-Signal

• ▬ • ▬

fortlaufend mindestens 15 Minuten lang

Allgemeine Schallzeichen

Signal	Bedeutung
▬	Achtung
•	Ich richte meinen Kurs nach Steuerbord
• •	Ich richte meinen Kurs nach Backbord
• • •	Meine Maschine geht rückwärts
• • • •	Ich bin manövrierunfähig
• • • • •	Man kann mich nicht überholen
• • • • • • Folge sehr kurzer Töne	Gefahr eines Zusammenstoßes
▬ •	Ich wende über Steuerbord
▬ • •	Ich wende über Backbord
▬ ▬ •	Ich will an Ihrer Steuerbordseite überholen
▬ ▬ • •	Ich will an Ihrer Backbordseite überholen
▬ ▬ ▬	Bei Ein- und Ausfahrt in und von Häfen und Nebenwasserstraßen: Ich will überqueren
▬ ▬ ▬ •	Bei Ein- und Ausfahrt in und von Häfen und Nebenwasserstraßen: Ich will meinen Kurs nach Steuerbord richten
▬ ▬ ▬ • •	Bei Ein- und Ausfahrt in und von Häfen und Nebenwasserstraßen: Ich will meinen Kurs nach Backbord richten

---

Nebelsignale

Auch sie gelten nur für die Berufsschifffahrt, dennoch ist es gut, sie zu kennen. »Kleinfahrzeuge« sollten bei Nebel oder unsichtigem Wetter auf dem kürzesten Wege das Fahrwasser räumen. Sie könnten sonst allzu leicht von der Berufsschifffahrt überrannt werden. Zumindest ist die Fahrt den verminderten Sichtverhältnissen anzupassen. Auch die Berufsschifffahrt ist dazu angewiesen und auch angehalten, am Ufer zu ankern oder festzumachen, wenn die Sichtverhältnisse so schlecht geworden sind, dass der Verkehr nicht mehr gefahrlos fortgesetzt werden kann. Da die Berufsschiffer jedoch Geld einfahren müssen, wird dieser Zeitpunkt so lange wie möglich hinausgezögert.

Talfahrer mit Radar geben bei Nebel 3 x hintereinander 3 ohne Unterbrechung aufeinander folgende Töne von verschiedener Höhe.

Nebelsignale (mind. jede Min.)
Schiffe in Fahrt

▬ Einzeln fahrende Schiffe und Verbände außer Radar-talfahrern

Stillliegende Schiffe

(1 Gruppe von Glockenschlägen)
🔔 . . . . 🔔 »Ich liege auf der linken Fahrwasserseite!«

(2 Gruppen von Glockenschlägen)
🔔 . . . . 🔔 »Ich liege auf der rechten Fahrwasserseite!«

(3 Gruppen von Glockenschlägen)
🔔 . . . . 🔔 »Meine Lage ist unbestimmt!«
🔔 . . . . 🔔

Notsignale

▬ ▬ ▬   🔔 . . . . 🔔

wiederholte lange Töne   Gruppen von Glockenschlägen

Lichterführung

Die Lichter eines Schiffes dienen nicht dazu, in der Dunkelheit zu sehen, sondern um gesehen zu werden. Aus Art und Anordnung soll man erkennen können, wen oder was man auf welchem Kurs vor sich hat. Also die Position des anderen Schiffes, deshalb auch die Bezeichnung Positionslichter. Sie müssen vom Bundesamt für Seeschifffahrt und Hydrographie (BSH) baumustergeprüft sein.

❑ Alle Lichter müssen in der Zeit zwischen Sonnenuntergang und Sonnenaufgang und bei unsichtigem Wetter geführt werden.

❑ Das **Rundumlicht** strahlt über einen Vollkreis von 360°.

❑ Das **Topplicht** scheint über einen Horizontbogen von 225°. Nach jeder Seite von recht voraus bis 22,5° achterlicher als querab.

❑ Das **Hecklicht** bestrahlt den restlichen Sektor nach achteraus, einen Winkel von 135°.

❑ Die **Seitenlichter** (Backbord rot, Steuerbord grün) bescheinen je einen Horizontbogen von 112,5°, und zwar von recht voraus bis 22,5° achterlicher als querab. Gemeinsam erfassen sie den gleichen Horizontbogen wie das Topplicht.

Im Geltungsbereich der Binnenschifffahrtsstraßen-Ordnung *muss* das Topplicht in gleicher Höhe wie die Seitenlichter gesetzt werden, wenn die Seitenlichter getrennt voneinander am Bootskörper angebracht sind.

Auf dem Rhein und auf der Mosel *kann* das Topplicht – auch bei getrennt voneinander angebrachten Seitenlichtern – 1 m höher als die Seitenlichter gesetzt werden.

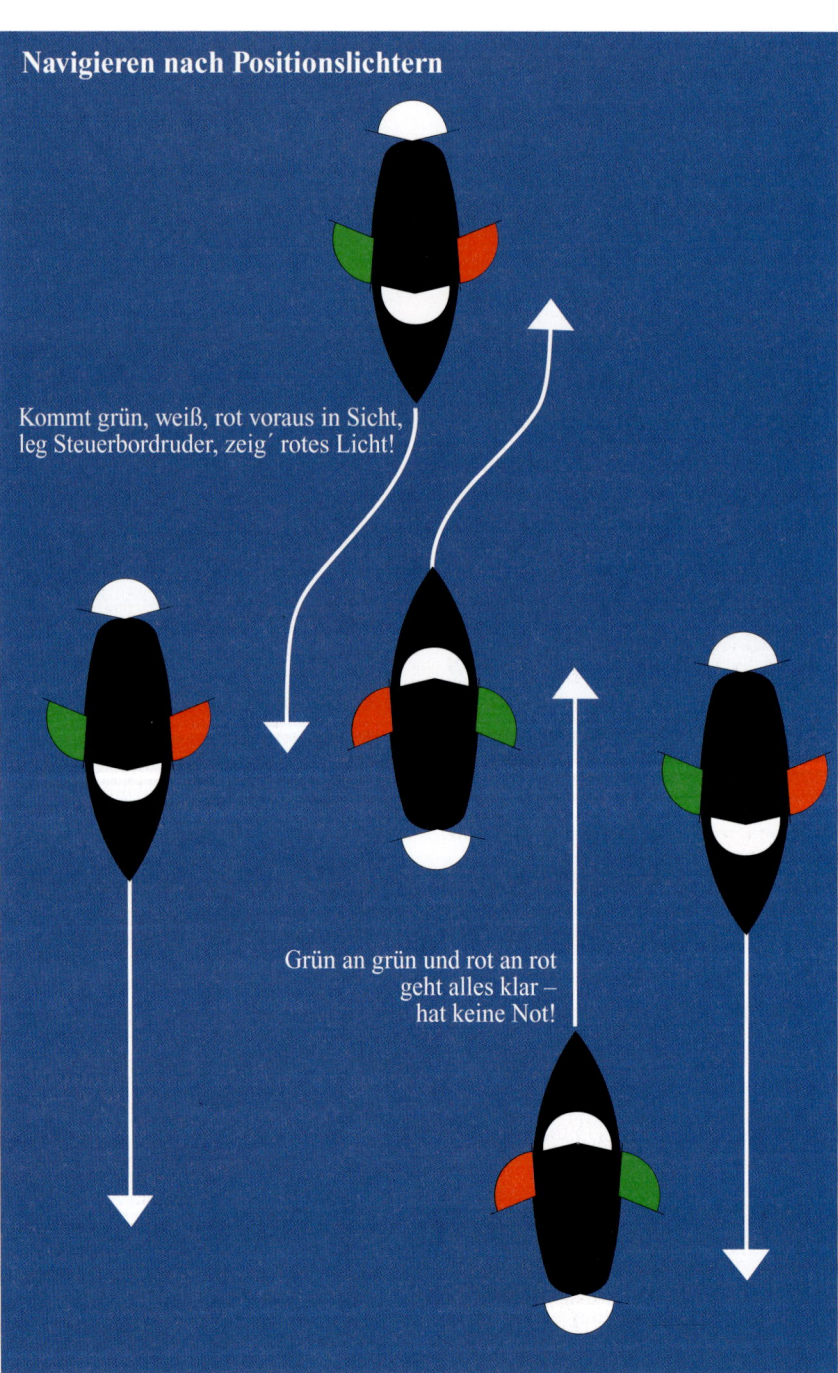

Navigieren nach Positionslichtern

Kommt grün, weiß, rot voraus in Sicht, leg Steuerbordruder, zeig´ rotes Licht!

Grün an grün und rot an rot geht alles klar – hat keine Not!

Sportboote

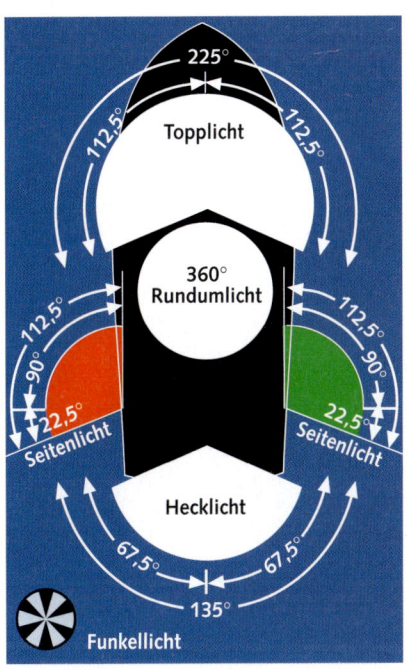

☐ Das **Funkellicht** ist ein Rundumlicht mit 40 bis 60 »Blitzen« pro Minute. Andere Lampen dürfen nicht so verwendet werden, dass man sie mit diesen Lichtern verwechseln kann oder dass sie andere blenden.

Motorboote, auf denen sich keine vorschriftsmäßige Beleuchtung anbringen lässt, dürfen in der Zeit zwischen Sonnenuntergang und Sonnenaufgang nicht auf dem Wasser fahren.

Ruderboot
Rundumlicht (weiß)
Beiboote (Dingis) brauchen dies Licht erst bei Annäherung eines anderen Schiffes zu zeigen

Segelboot unter Segeln unter 20 m
Rundumlicht (weiß)
Bei Annäherung anderer Schiffe
ein 2. weißes Licht zeigen
(Segelboote unter Motor gelten als Motorboote)

oder
Seitenlichter (rot, grün)
in einer Zweifarbenlaterne am oder nahe am Bug
Hecklicht (weiß)

oder:
Dreifarbenlaterne
(rot, grün, weiß) im Topp

Motorboot unter 20 m
Topplicht (weiß)
Gleiche Höhe wie Seitenlichter, aber mindestens 1 m davor
Seitenlichter (rot, grün)
Hecklicht (weiß)

oder
Topplicht (weiß)
mindestens 1 m höher als die Seitenlichter
Seitenlichter (rot, grün)
in einer Zweifarbenlaterne am oder nahe am Bug
Hecklicht (weiß)

oder
Rundumlicht (weiß)
anstelle des Topp- und Hecklichts
Seitenlichter (rot, grün)
in einer Zweifarbenlaterne am oder nahe am Bug

Berufsschiffe

Schiff bis 110 m Länge
Topplicht (weiß) **Seitenlichter**
(rot/grün) **Hecklicht** (weiß)
Die Seitenlichter werden mindestens 1m niedriger als das Topplicht und meist achtern am Ruderhaus gefahren

Schiff über 110 m Länge
2 Topplichter (weiß), das zweite achterlicher und höher als das erste
Seitenlichter (rot/grün)
Hecklicht (weiß)

Schleppverband
Der Schlepper:
2 Topplichter (weiß), senkrecht übereinander
3 Topplichter (weiß), wenn mehrere Schlepper nebeneinander den Verband schleppen.
Seitenlichter (rot/grün)
Hecklicht (gelb).

Jedes geschleppte Fahrzeug: **Rundumlicht** (weiß), falls länger als 110 m ein
2. Rundumlicht hinten in gleicher Höhe.
Das letzte Fahrzeug führt für den Verband das **Hecklicht** (weiß); ist es ein »Kleinfahrzeug«, führt es kein Licht
Bei Tage: Der Schlepper: **Gelber Zylinder** mit oben und unten je einem **schwarzen und weißen Streifen**
Jedes geschleppte Fahrzeug:
Gelber Ball. Ein »Kleinfahrzeug« führt nichts.

Schubverband
(2er Päckchen) **3 Topplichter** (weiß), auf dem Vorschiff des Fahrzeuges an der Spitze. Anordnung in Form eines gleichseitigen Dreiecks. Die unteren etwa 1,25 m auseinander, das obere 1,10 m darüber. **Topplicht** (weiß) auf jedem »Päckchen«, dessen ganze Breite von vorn zu sehen ist.
Seitenlichter (rot/grün)
3 Hecklichter (weiß) 1,25 m auseinander.
3 Hecklichter (gelb), wenn der Schubverband geschleppt wird.

Gefährliche Güter

Zu Schiffen mit gefährlicher Ladung ist der größtmögliche Abstand zu halten. Ihre Liegeplätze sind markiert durch blaue Tafeln mit weißen Dreiecken oder mit weißen auf die Spitze gestellten Quadraten, in denen die blauen Kegel stehen. Dort darf ein Sportboot nicht anlegen. Von stillliegenden Schiffen mit gefährlichen Gütern ist folgender Abstand zu halten:
10 m bei einem,
50 m bei zwei,
100 m bei drei Kegeln oder blauen Lichtern.

Schiff mit bestimmten entzündbaren Stoffen
Topplicht (weiß)
Seitenlichter (rot/grün)
Hecklicht (weiß)
Rundumlicht (blau) auf dem Achterschiff
Bei Tage:
Blauer Kegel Spitze nach unten
Abstand: 10 m

Schiff mit bestimmten gesundheitsschädlichen Stoffen
Topplicht (weiß)
Seitenlichter (rot/grün)
Hecklicht (weiß) **2 Rundumlichter** (blau) auf dem Achterschiff
Bei Tage:
2 blaue Kegel Spitze nach unten übereinander
Abstand: 50 m

Schiff mit bestimmten explosiven Stoffen
Topplicht (weiß)
Seitenlichter (rot/grün)
Hecklicht (weiß)
3 Rundumlichter (blau) auf dem Achterschiff
Bei Tage:
3 blaue Kegel Spitze nach unten
Abstand: 100 m

Nicht frei fahrende Fähre
(Ketten-, Seil- oder Gierfähren)
Rundumlicht (weiß)
Rundumlicht (grün) 1 m darüber

Frei fahrende Fähre
Rundumlicht (weiß)
Rundumlicht (grün) 1 m darüber
Seitenlichter (rot/grün)
Hecklicht (weiß)

Polizei, Wasserrettungs- und Feuerlöschboote im Einsatz
Topplicht (weiß)
Seitenlichter (rot/grün)
Hecklicht (weiß)
Funkellicht (blau) kann auch tags im Einsatz geführt werden

Tag- und Nachtsignale

Begegnen und überholen

Da Sportboote verpflichtet sind, Berufsschiffen nicht nur auszuweichen, sondern sie auch in ihren Manövern nicht zu behindern, ist es gut, stets zu wissen, was die Großen vorhaben. Beim **Begegnen** hat der Bergfahrer dem schlechter manövrierfähigen Talfahrer Raum zu geben. Üblicherweise fahren beide rechts und passieren einander an Backbord. Will der Bergfahrer jedoch den Talfahrer aus irgendwelchen Gründen an Steuerbord vorbeifahren lassen, so muss er dies an seiner Steuerbordseite anzeigen.

Wer **überholen** will, hat sich vorher zu vergewissern, ob das gefahrlos möglich ist. Sodann hat er das Überholmanöver so lange anzuzeigen, bis es beendet ist.

Überholt werden darf nur dann, und das gilt natürlich auch für Sportboote, wenn das Fahrwasser hinlänglich Raum für die Vorbeifahrt lässt.

Ankerlieger

Tagsüber brauchen Ankerlieger im Geltungsbereich der Binnenschifffahrtsstraßen-Ordnung keinen Signalkörper zu setzen.

Nachts führen sie ein weißes Rundumlicht auf der Fahrwasserseite, auch, wenn sie am Ufer festgemacht haben.

Begegnen an Steuerbord (nur Großschifffahrt) **Weißes Funkellicht,** gekoppelt mit **hellblauer Tafel mit weißem Rand** an Steuerbord

Vorrangschiff Roter Wimpel 1 m breit Vorrang beim Schleusen, in engen Durchfahrten etc.

Stillliegendes Schiff Weißes Rundumlicht auf der Fahrwasserseite

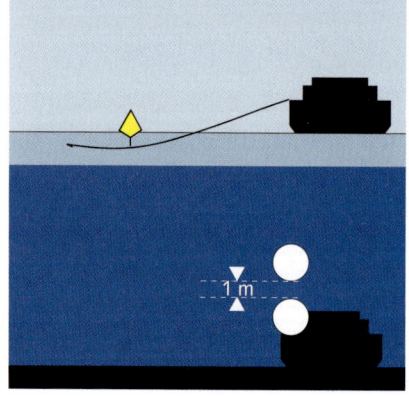

Ankerlieger, deren Anker die Schifffahrt gefährden können **2 weiße Rundumlichter** untereinander (1 m Abstand) auf der Fahrwasserseite Tagsüber muss der Anker gekennzeichnet sein durch **Gelben Döpper** (mit Radarreflektor, wenn der Anker gefährdend ausgebracht liegt)

Schwimmende Geräte

Bagger oder Vermessungsschiffe bei der Arbeit, aber auch festgefahrene oder gesunkene Schiffe.

Tags
An der gesperrten Seite entweder eine rot-weiß-rote Tafel oder ein roter Ball

Nachts
Ein rotes Rundumlicht auf gleicher Höhe wie das obere grüne Rundumlicht auf der gegenüber liegenden Seite

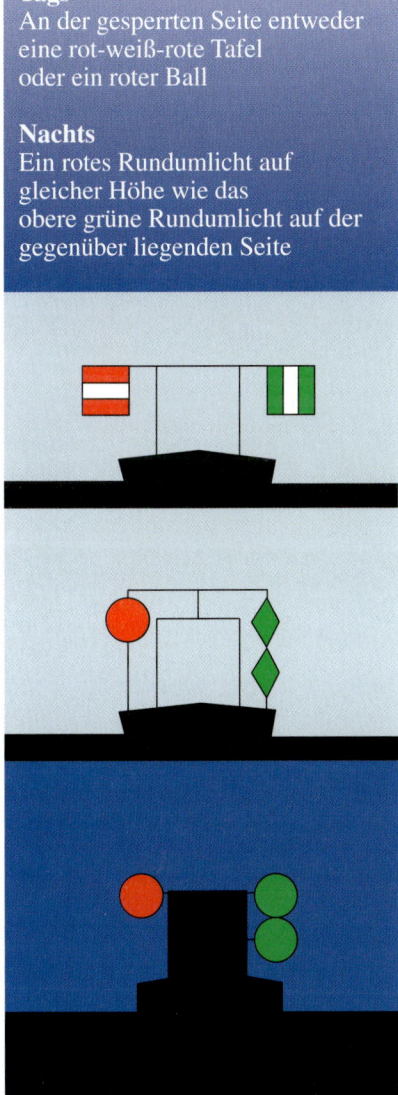

Taucher im Einsatz
Nachts
ist die Tafel anzustrahlen

Tags
Durchfahrt an beiden Seiten frei
Grün-weiß-grün gestreifte Tafeln oder grüne Doppelkegel

Nachts
Grüne Rundumlichter

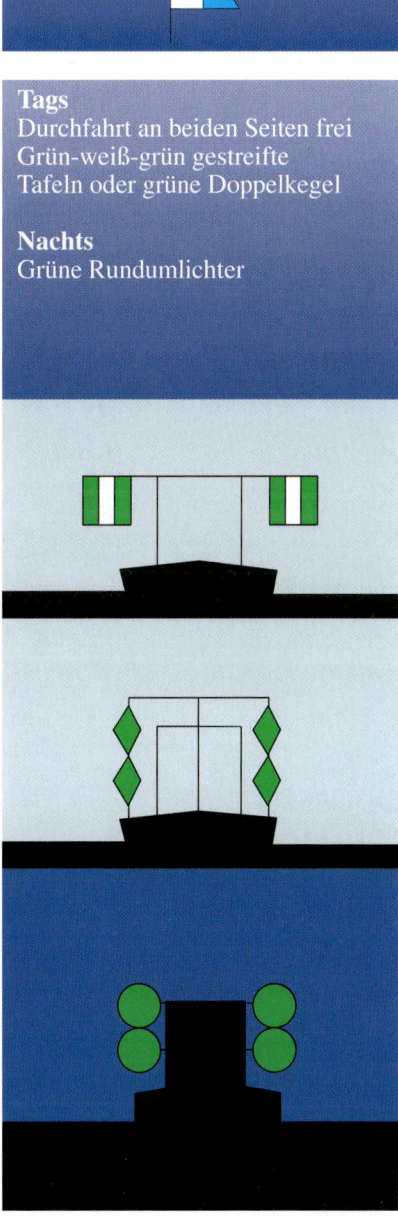

Gegen Sog und Wellenschlag zu schützen
Durchfahrt an einer Seite nicht frei

Tags
An der gesperrten Seite eine rote Flagge oder Tafel

Nachts
An der gesperrten Seite ein rotes Rundumlicht auf gleicher Höhe wie das rote Rundumlicht auf der gegenüber liegenden Seite

Durchfahrt an beiden Seiten frei

Tags
Rot-weiße Flaggen oder Tafeln

Nachts
Rote Rundumlichter über weißen Rundumlichtern

Schiff, Schwimmkörper oder schwimmende Anlage, die vor Sog und Wellenschlag zu schützen sind

Tags
Rot-weiße Flagge oder rote über weißer Flagge oder rot-weiße Tafel

Nachts
Rotes Rundumlicht 1 m über weißem Rundumlicht

Langsam und mit Abstand vorbeifahren

Stillliegender Fischer mit Netzen oder Auslegern

Tags
Gelbe Döpper in ausreichender Anzahl, um die genaue Lage kenntlich zu machen

Nachts
Entsprechend weiße Rundumlichter

Manövrierunfähig

Nur bei Annäherung eines Schiffes auf Kollisionskurs

Tags
Eine rote Flagge oder Tafel, die im Halbkreis geschwenkt wird

Nachts
Ein rotes Licht, das hin- und hergeschwenkt wird. Zusätzliches Schallzeichen 4 kurze Töne hintereinander

Segelboote unter mitlaufender Maschine

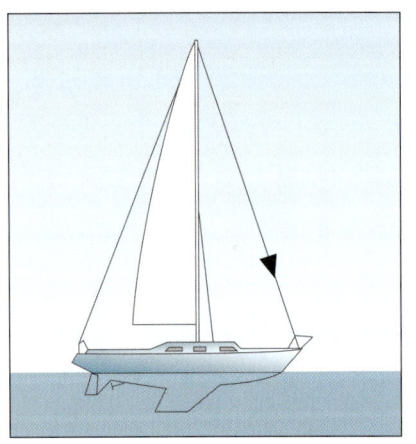

Segelboote unter mitlaufender Maschine zeigen tags, gut sichtbar im Vorschiffsbereich – üblich ist am Vorstag –, einen schwarzen Kegel, Kantenlänge 60 cm, mit der Spitze nach unten.
Er entfällt, wenn unter Motor gelaufen wird und keine Segel gesetzt sind.

Notzeichen

Tags
Eine rote Flagge oder einen sonstigen Gegenstand im Kreis schwenken

Nachts
Ein Licht, das im Kreis geschwenkt wird

Kennzeichnung

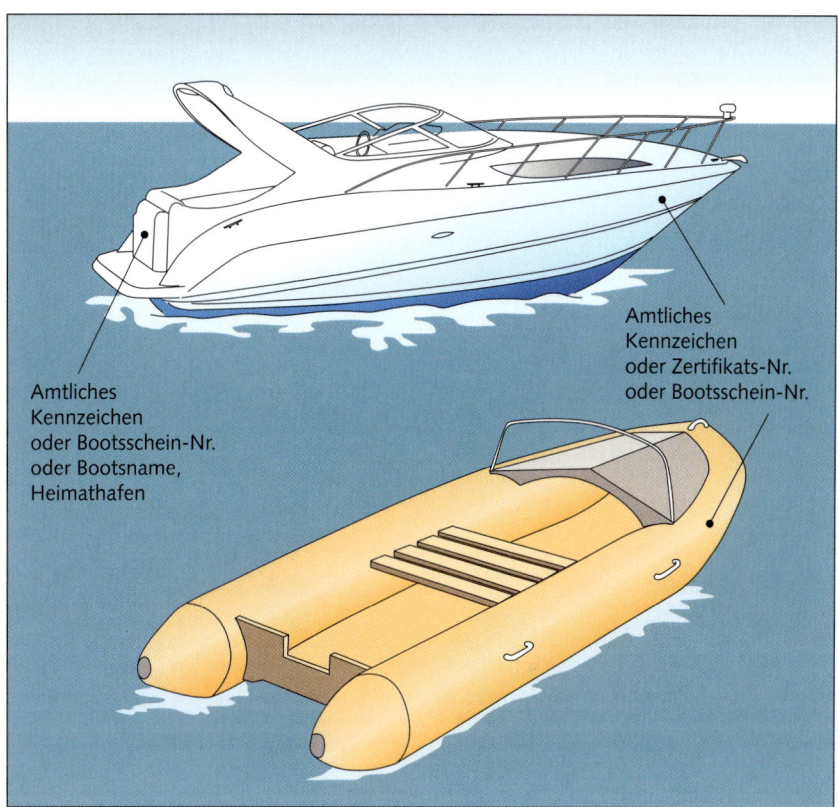

Amtliches
Kennzeichen
oder Bootsschein-Nr.
oder Bootsname,
Heimathafen

Amtliches
Kennzeichen
oder Zertifikats-Nr.
oder Bootsschein-Nr.

Motorboote müssen – ab 2,21 kW (3 PS) – auf den Binnenschifffahrtsstraßen ein amtliches oder amtlich anerkanntes Kennzeichen führen.

Das **amtliche Kennzeichen** besteht aus einer Kombination von Buchstaben und Ziffern. Ausgegeben wird es auf Antrag von den Wasser- und Schifffahrtsämtern mit einem Ausweis, der stets an Bord mitzuführen ist und nur in Verbindung mit dem Personalausweis oder Reisepass gilt. Das Kennzeichen ist an beiden Seiten des Bugs oder am Heck anzubringen. Buchstaben und Ziffern müssen mindestens 10 cm hoch sein und sich deutlich lesbar vom Untergrund abheben. Als amtliches Kennzeichen gilt ferner:

1. bei einem im Binnenschiffsregister eingetragenen Boot (ab 10 m³ Wasserverdrängung) die im Schiffsbrief ausgewiesene Registernummer mit dem Kennbuchstaben »B«. Zusätzlich muss es seinen Bootsnamen und Heimathafen oder den Registerort am Heck führen;

2. bei einem im Seeschiffsregister eingetragenen Boot (über 15 m Länge) seine IMO-Nummer oder sein Funkrufzeichen oder

3. die Nummer des Flaggenzertifikats mit dem Kennbuchstaben »F«.

Das **amtlich anerkannte Kennzeichen** besteht aus der Nummer des »Internationalen Bootsscheins für Wassersportfahrzeuge« und dem Kennbuchstaben des Verbandes, der den Schein ausgestellt hat: »S« steht für den Deutschen Segler-Verband (DSV), »M« für den Deutschen Motoryachtverband (DMYV) und »A« für den ADAC. Auch dieses Kennzeichen kann am Bug oder am Heck geführt werden.

Für Wassermotorräder (Wasserscooter, Jetbike) hingegen gelten ausschließlich die amtlichen Kennzeichen.

Kleinere und schwächer motorisierte Boote, die nicht der amtlichen Kennzeichnung unterliegen, müssen innen oder außen, an gut sichtbarer Stelle, Namen und Anschrift des Besitzers und am Bug oder Heck den Namen des Bootes führen.

Unabhängig von der Kennzeichnung müssen Sportboote von 10 m³ Wasserverdrängung und mehr ins Binnenschiffsregister eingetragen werden. Sportboote zwischen 5 m³ und 10 m³ können eingetragen werden.

Binnenschifffahrtsfunk

Größere Motorboote sind häufig mit (UKW-)Sprechfunkanlagen ausgerüstet. Auf Binnenschifffahrtsstraßen dürfen diese nur benutzt werden, wenn sie der »Regionalen Vereinbarung über den Binnenschifffahrtsfunk« entsprechen. Das heißt unter anderem, dass sie mit ATIS (**A**utomatic **T**ransmitter **I**dentification **S**ystem) und für den Verkehrskreis Schiff-Schiff ausgerüstet sind.

Die Anlage darf nur von jemandem bedient werden, der das vorgeschriebene Sprechfunkzeugnis (UBI) besitzt.

Flaggenführung

Die **Nationalflagge,** kurz Nationale genannt, braucht auf Binnenschifffahrtsstraßen nicht geführt zu werden. Wer aber eine führen möchte, darf dies nur an einem Flaggenstock am Heck. Er befindet sich mittschiffs oder – wenn aus baulichen Gründen nicht möglich – auf der rechten (Steuerbord-)Seite.

Die **Verbandsflagge** des Deutschen Motoryachtverbandes kann auf Binnengewässern anstelle der Nationale am Heck gezeigt werden, jedoch keine Landes- oder andere Flagge. Im Ausland ist das Heck der Nationale vorbehalten. Auf Motoryachten mit Flaggenmast wandert die Verbandsflagge an die rechte (Steuerbord-)Saling.

Der **Clubstander** flattert an einem kurzen Flaggenstock am Bug oder – auf Motoryachten mit Mast – auf dem Masttopp. Er weht Tag und Nacht.

Die **Gastlandflagge** Bei Auslandsbesuchen ist es üblich, entweder am Bugstock oder unter der rechten (Steuerbord-)Saling, die (verkleinerte) Flagge des Gastlandes zu zeigen. Wenn man mehrere Länder besucht, jeweils nur die Flagge des Landes, in dessen Gewässern oder Häfen man sich gerade befindet. Die Verbandsflagge wechselt dann an die linke (Backbord-)Saling. Alle Flaggen – mit Ausnahme des Clubstanders – sollten in der Zeit vom 1. Mai bis 30. September von 8.00 Uhr bis Sonnenuntergang, spätestens jedoch bis 21.00 Uhr wehen. In den übrigen Monaten von 9.00 Uhr bis Sonnenuntergang.

Leinen und Knoten

Der Umgang mit Tauwerk

Der erste praktische Kontakt mit der Schifffahrt beginnt meist damit, dass man irgendwo eine Leine losbinden soll. Der Sammelbegriff für alle Arten von Leinen ist Tauwerk. Anfang und Ende einer Leine heißen Tampen. Aber auch kürzere Stücke Tauwerk werden als Tamp(en) bezeichnet. Schwere Leinen sind Trossen.

Verwendet wird auf Motorbooten nur noch Kunstfasertauwerk (Polyester, Polyamid, Polypropylen). Es hat eine hohe Reißfestigkeit, ein geringes spezifisches Gewicht und nimmt nur wenig Wasser auf.

Es hat aber auch einige Nachteile: Es verliert an Festigkeit durch Wärme, Reibung und UV-Bestrahlung und ist sehr empfindlich gegen Scheuern.

Polyamid (PA) – Markennamen Perlon, Nylon – verbindet eine extrem hohe Bruchfestigkeit mit großer Elastizität. Deshalb eignet es sich besonders gut für Anker- und Schleppleinen.

Polypropylen (PP) – Markenbezeichnungen Polyprop, Hostalen PP, Ulstron – ist ein sehr leichtes schwimmfähiges Tauwerk mit einer mittleren Reißfestigkeit. Deshalb ist es gut zu verwenden für Festmacher und Wasserski-Schleppleinen.

Es gibt geflochtenes und »geschlagenes« Tauwerk. Fast alle an Bord verwendeten Leinen sind rechtsherum geschlagen. Das heißt, die einzelnen »Kardeele« – meist drei – sind rechtsherum verdrillt. Man merkt es sofort, wenn man eine Leine aufwickeln – seemännisch korrekt gesagt – aufschießen will. Es geht nur rechts herum. Ent-

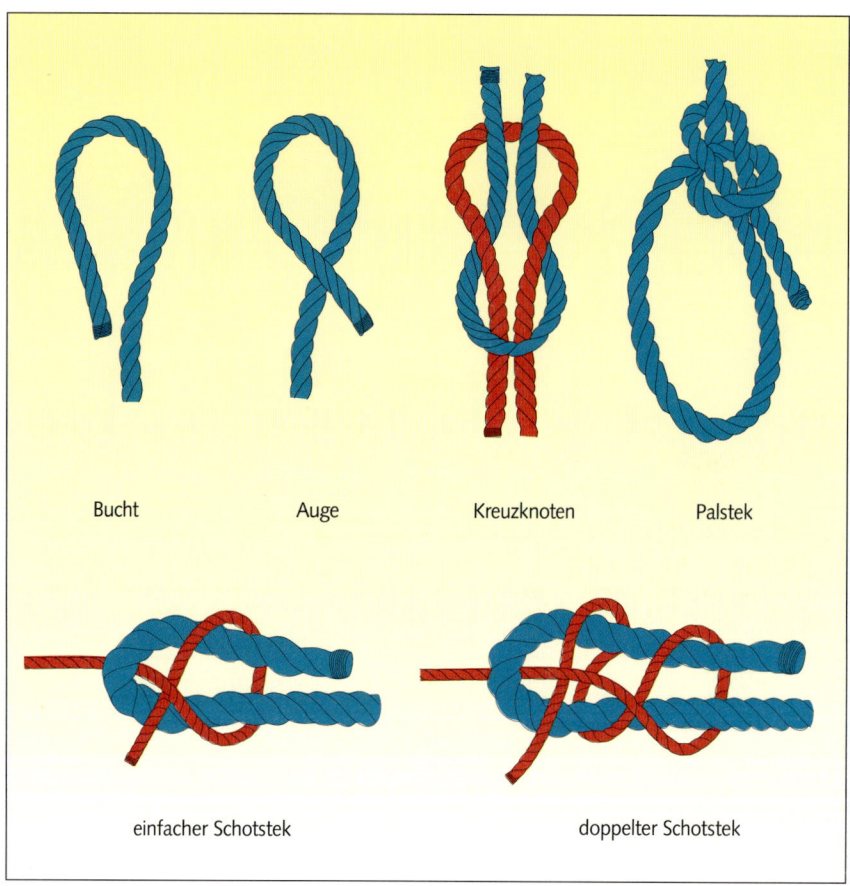

Bucht   Auge   Kreuzknoten   Palstek

einfacher Schotstek   doppelter Schotstek

gegengesetzt verwindet sie sich. Sie wirft so genannte Kinken, die nur mühsam wieder herauszubringen sind.

❑ Die Bruchfestigkeit einer Leine an Bord sollte mindestens das Fünffache der möglichen Belastung betragen.

❑ Alles Tauwerk muss laufend auf Scheuerstellen kontrolliert werden. Immerhin hängt beispielsweise von Anker- und Festmacheleinen die Sicherheit von Boot und Besatzung ab. Leinen mit Abrieb sind sofort durch neue zu ersetzen. Angerautes Kunstfasertauwerk kann bis zu 50 % seiner Festigkeit einbüßen. Wenn eine Kunstfaserleine bricht, kündigt sich das nicht durch Knirschen an. Es geschieht urplötzlich.

Äußerst wichtig ist es, seine Leinen immer klar zum Einsatz liegen zu haben. Deshalb eine Leine stets gleich aufschießen, wenn sie nicht mehr gebraucht wird. Nicht aufgeschossenes Tauwerk hat die unangenehme Eigenschaft, sich heillos zu verwirren.

Pflege Wegen der zerstörerischen Wirkung der UV-Bestrahlung Kunstfaserleinen nie länger als unbedingt erforderlich der Sonne aussetzen. Leinen,

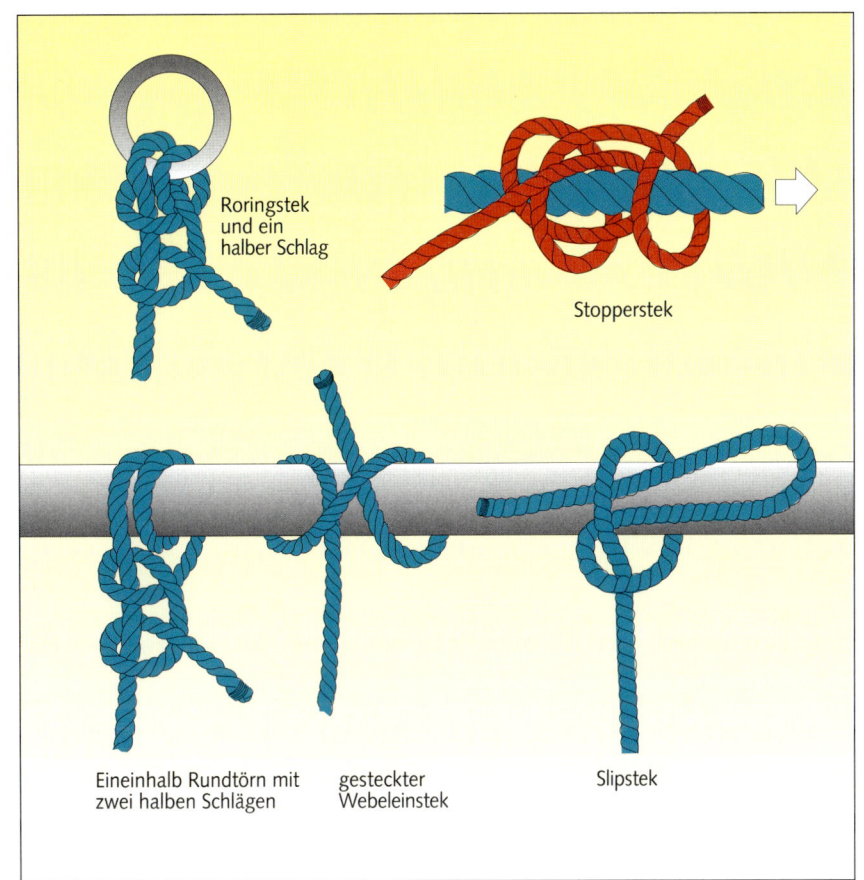

Roringstek
und ein
halber Schlag

Stopperstek

Eineinhalb Rundtörn mit
zwei halben Schlägen

gesteckter
Webeleinstek

Slipstek

die nicht gebraucht werden, unter Deck oder in entsprechenden Stauräumen stauen.

Festmacher sollten dort, wo sie durch Lippen oder Klüsen laufen, bekleidet, das heißt, mit Gummi oder Kunststoff bezogen werden. Ein nur lose übergezogener Schutz rutscht durch die ständige Reibung beiseite.

Leinen, die mit Chemikalien (Lösungsmitteln) in Berührung gekommen sind, sofort gründlich mit Wasser abwaschen. Das gilt auch für Leinen, die in chemisch stark verschmutztem Flusswasser hingen.

Knoten

Alles, was zum Sichern oder Festmachen einer Leine an irgendetwas oder zum Verbinden von Leinen dient, heißt Knoten oder Stek. Seemännische Knoten müssen zuverlässig halten und leicht wieder zu lösen sein, auch in nassem Tauwerk.

Bucht ist ein in Haarnadelform gelegtes Ende.

Auge ist die seemännische Bezeichnung für alle Arten von Schlingen. Es kann ein lose gelegtes Auge sein (wie hier) oder auch ein festes, geschlossenes (wie im Palstek).

Kreuzknoten Er dient zum Verbinden zweier gleich starker Enden aus gleichem Material. Wichtig: Er muss symmetrisch sein, die Tampen müssen auf derselben Seite aus der Bucht des anderen Tampens kommen. Vorsicht, auch wenn er richtig gemacht worden ist, kann er sich in sehr glattem Kunstfaser-Tauwerk aufziehen.

Palstek Er ist der wichtigste Knoten an Bord. Mit ihm lässt sich ein beliebig großes Auge herstellen, das sich nicht zusammenziehen kann. Er dient zum Festmachen an Pfählen, Pollern oder auch Ringen oder im Notfall, um jemand, der über Bord gefallen ist, im Wasser zu sichern. Auch Leinen kann man mit zwei Palsteks zuverlässig verbinden. Der Tampen sollte außerhalb des Auges liegen.

Einfacher und **doppelter Schotstek** Beide verbinden zwei ungleich starke Enden oder Enden aus ungleichem Material. Die Tampen müssen sich gegenüber liegen. Bei steifem Kunstfaser-Tauwerk ist unbedingt der doppelte Schotstek zu empfehlen. Auch bei glatten, gleich starken Enden sollte man den doppelten Schotstek dem Kreuzknoten vorziehen.

Roringstek Ihn verwendet man zum Festmachen an Ringen. Zusätzlich sollte er stets mit ein oder zwei halben Schlägen gesichert werden.

Mit Kopfschlag auf einer Klampe belegen

Zunächst einmal mit der Leine um den Fuß der Klampe gehen, aber so, dass sie sich nicht selbst bekneift. Dann Kreuzschläge in Achtform um die Klampe legen. Zwei genügen im Allgemeinen. Wenn man beim Festmachen sichergehen will, kommt zum Abschluss ein Kopfschlag drauf – der durchgesteckte Tampen wird bekniffen. Achtung: Der sich durch den Kopfschlag bekneifende Tampen muss immer die Klampe kreuzen.

Stopperstek Mit ihm kann ein Tampen an ein laufendes Ende gesteckt werden, etwa die Vorleine an eine Schlepptrosse. Er hält nur, solange Kraft in Zugrichtung darauf steht.

1½ Rundtörn und **2 halbe Schläge** sind eine Knotenverbindung zum vorübergehenden Festmachen an Rohr, Ring oder Stangen.

Webeleinstek Er dient zum Festmachen an Pollern oder Ähnlichem, sofern Poller oder Festmacheleine nicht zu dick sind. Dann bekneift er sich nicht genügend. Zusätzlich sollte er unbedingt durch zwei halbe Schläge gesichert werden. Man kann ihn über einen Poller werfen, indem man einfach zwei Augen legt, oder ihn auch stecken.

Slipstek Überall dort wichtig, wo man ein belegtes Ende, auf dem Kraft steht, schnell loswerfen will oder muss. Beispielsweise zum Festmachen von Fendern an einem Handlauf. Ein Ruck am Tampen, und der Knoten ist gelöst.

Leine aufschießen

Da die meisten Leinen rechtsherum geschlagen sind, müssen sie auch rechtsherum aufgeschossen werden. Die gleich langen Buchten werden durch einige rechtwinklig herumgelegte Törns »zusammengeschnürt«. Dann den letzten Törn als Bucht oben durchziehen, über den Kopf rüber – und zusammenziehen.

Festmachen

Festgemacht wird längsseits an einem Steg oder einer Pier oder in einer Stegbox mit Pfählen, je nach den örtlichen Gegebenheiten.

Beim längeren Längsseitsliegen wird zusätzlich zur Vor- und Achterleine eine Vor- und Achterspring ausgebracht. Die Spring fesselt das Boot. Es kann sich nicht mehr in der Längsrichtung bewegen oder mit dem Bug oder Heck abscheren, wie es sonst bei vorlichem oder achterlichem Wind oder Strom geschehen würde.

Zwischen Rumpf und Steg oder Pier kommen schützende Fender. Sie müssen so fixiert werden, dass sie sich nicht auf den Steg oder an Deck schieben können und somit nutzlos werden. Beim Ablegen sind sie sofort hereinzunehmen. Es gilt auf unseren Gewässern als unseemännisch, mit außenbords baumelnden Fendern zu fahren.

In der Stegbox werden zwei Vor- und Achterleinen ausgebracht, die genügend Spiel haben müssen, damit das Boot nicht in den Leinen hängt. Die Vorleinen sollten möglichst breit auseinander festgemacht werden, dann wirken sie wie ein Federsatz und das Boot ruckt bei Schwell nicht so stark in die Leinen. Die Achterleinen sollten über Kreuz festgemacht werden, damit das Boot mit dem Heck nicht zu weit seitlich ausweichen kann.

Die Bezeichnung der Leinen bezieht sich auf das Vor- und Achterschiff. Die Achterleinen können also zu den Achterpfählen führen, aber ebenso gut zum Steg, wenn das Boot mit dem Heck zum Steg liegt.

Die Länge der Festmacher wird nicht vom Steg, sondern von Bord aus reguliert, damit kein überschüssiges Leinenbunsch auf dem Steg herumliegt.

Fender

sind Schutzpolster aus Gummi oder Kunststoff. Es gibt sie in den verschiedensten Formen und Größen: zylindrische, kugel- und birnenförmige, aus Feststoff und aufpumpbare.

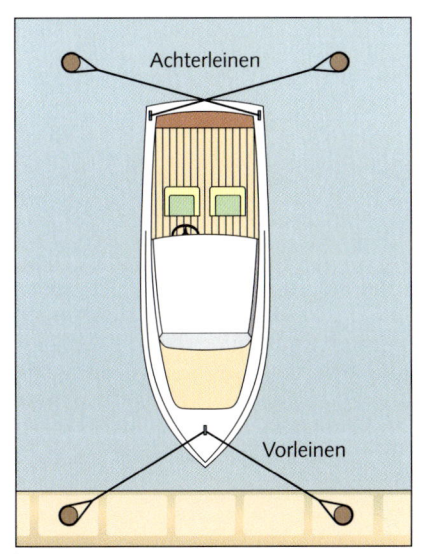

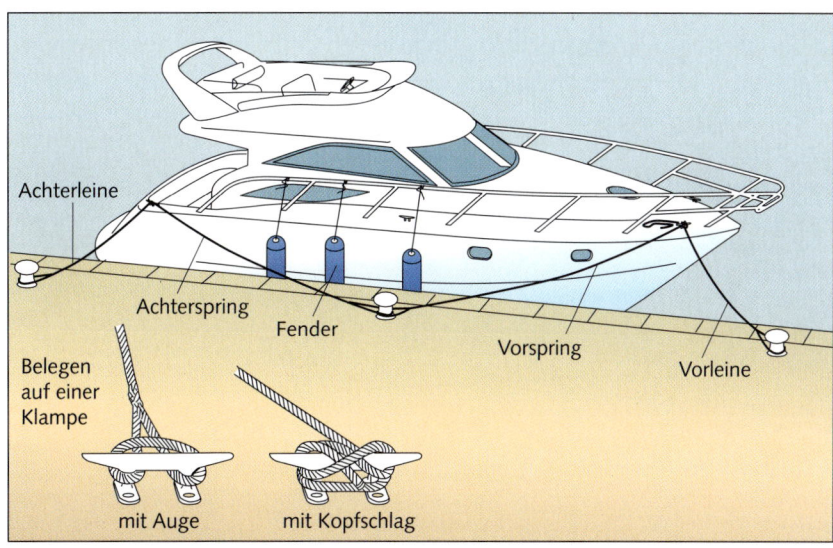

Rund ums Boot

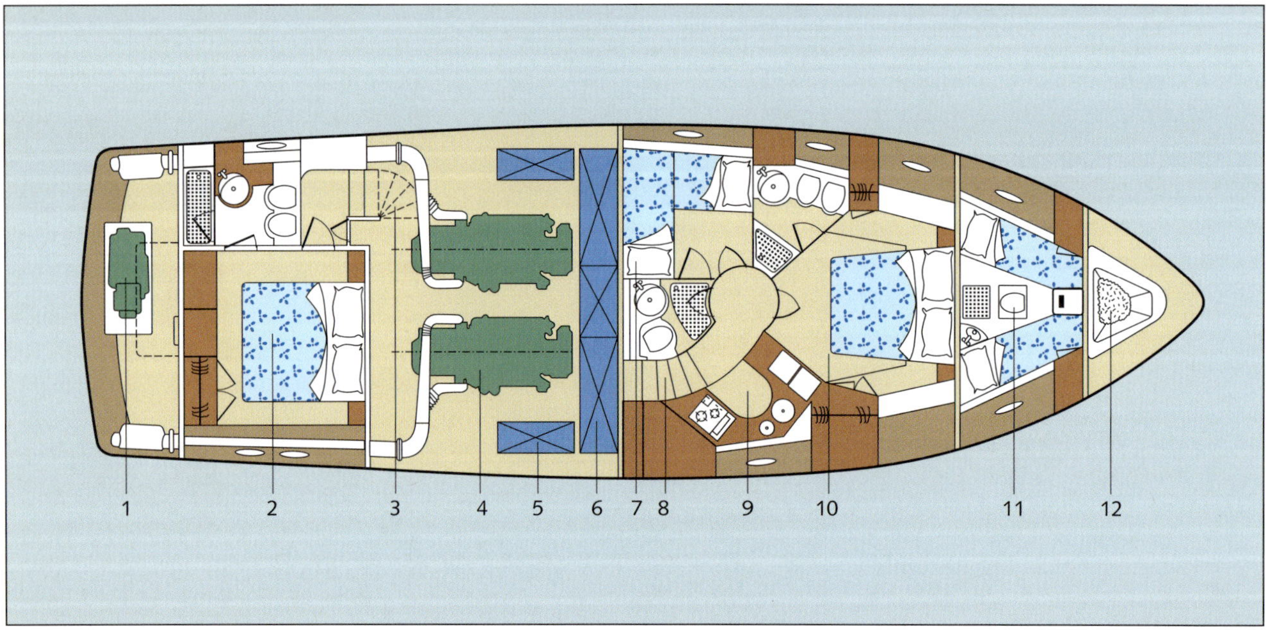

1   2   3   4   5   6   7   8   9   10   11   12

Das Baumaterial

Abgesehen von den Schlauchbooten, deren Tragschläuche aus hochfestem Trevira-Material gefertigt werden, ist glasfaserverstärkter Kunststoff (GFK) das übliche Baumaterial für Motorboote. Serienyachten aus Kunststoff gibt es bis zu einer Länge von etwa 16 Metern. Für größere Einzelbauten verwendet man häufiger auch Aluminium oder Stahl. Holz spielt nur noch eine verschwindend geringe Rolle. Stahl-Serienyachten – eine Spezialität der holländischen Bootsbauer – gibt es ab ungefähr 10 m Länge.

»Innenleben« einer 18-m-Yacht, die es beispielsweise mit 2 x 760 PS auf 55 km/h bringt:

1 *Generator*
2 *Eignerkabine mit Doppelbett und WC-Raum mit Dusche*
3 *Niedergang zu Kabine und Maschinenraum*
4 *Begehbarer Maschinenraum mit Zwillingsmotoren-Anlage*
5 *Wassertanks*
6 *Brennstofftanks*
7 *Gästekabine mit L-förmigen Etagenbetten und WC-Raum mit Dusche*
8 *Niedergang zum Vorschiff*
9 *Pantry (Kombüse) mit mehrflammigem Herd*
10 *Zweite Eignerkabine oder große Gästekabine mit Doppelbett und WC-Raum mit Dusche*
11 *Abgeschlossenes Mannschaftslogis mit zwei Kojen, WC und Waschbecken. Zugang durch ein Vorschiffsluk*
12 *Kettenkasten*

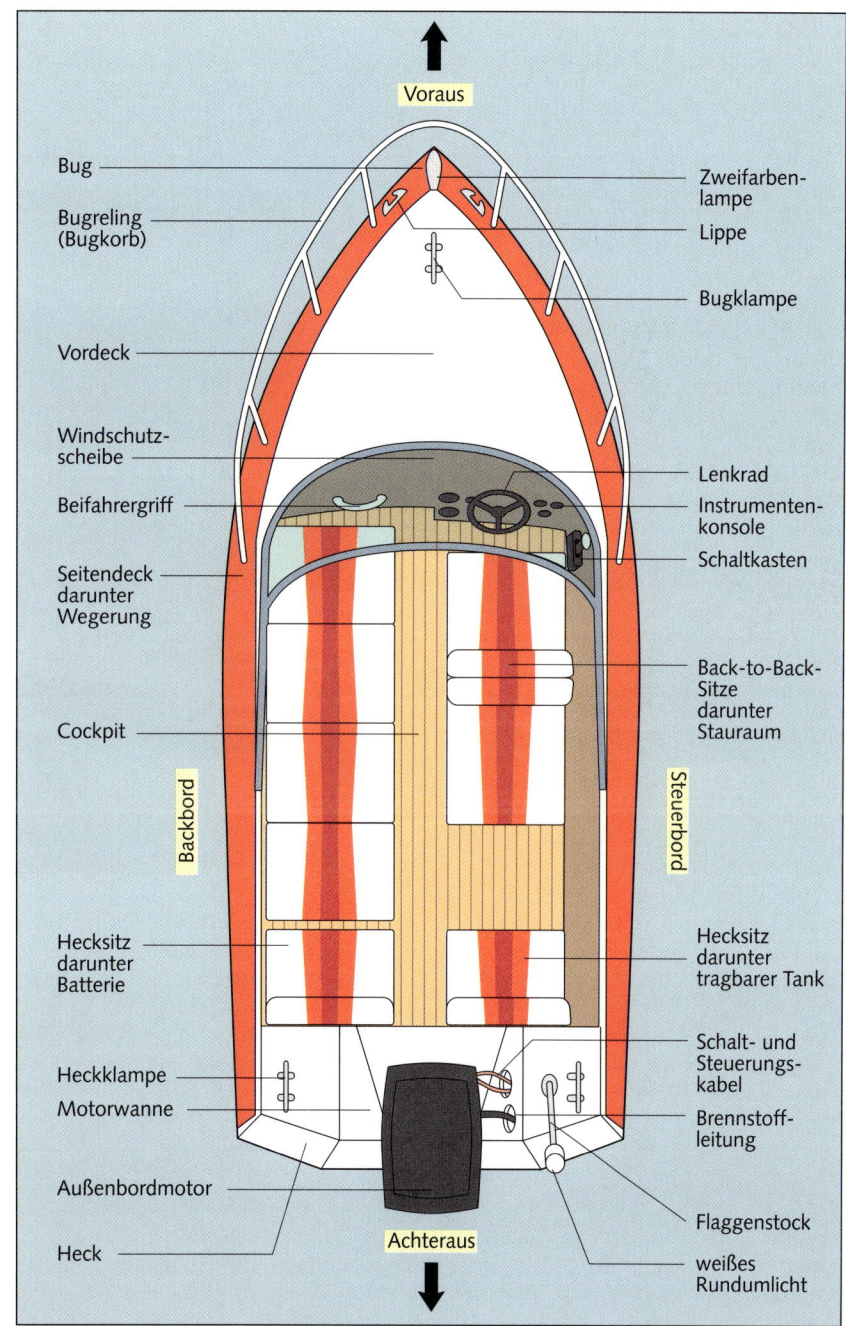

Layout eines Außenborderbootes.

Bootstypen

Vielfältig sind die Formen und Typen der Motorboote. Ihre Bezeichnung erfolgt nach gewissen charakteristischen Baumerkmalen oder der Art der Motorisierung. Auch das kleinste offene Ruderdingi wird zum Motorboot, wenn man einen Außenborder an den Spiegel hängt.

Schlauchboote, sofern nach DIN 7870 gebaut, sind robuste, vollwertige Sportboote. Den Bootskörper bilden luftgefüllte Schläuche. Sie sind mindestens in zwei, üblicherweise aber in mehr Kammern unterteilt. Schlauchboote sind auch noch mit nur einer intakten Luftkammer voll schwimmfähig und somit praktisch unsinkbar. Daher bieten sie ein Höchstmaß an Sicherheit auf dem Wasser und sind in dieser Hinsicht jedem Festboot überlegen. Länge bis etwa 6 m. Motorisierung mit Außenbordern bis etwa 90 PS (66 kW).

Eine Weiterentwicklung sind Schlauchboote mit einem starren (Kunststoff-) Boden, die so genannten Ribs.

Außenborder-Sportboote haben ein eingedecktes Vorschiff und zwei oder vier Sitzplätze. Auf einfachen Booten als durchgehende Bank, auf komfortableren Versionen als so genannte Back-to-Back-Sitze angeordnet. Die lassen sich als Sonnenliegen ausziehen. Außerdem gibt es meist kleine Stauräume an den Seiten und hinten neben der Motorwanne. Sehr schnelle und sportlich zu fahrende Boote mit einer Motorisierung bis zu etwa 100 PS (73 kW) und bis zu einer Länge von etwa 5 m. Ab dieser Größenordnung beginnen die

Innenborder-Sportboote, gelegentlich als Runabouts bezeichnet. Sie haben einen Einbautank, im Übrigen

Motoryacht

Daycruiser mit Schlupfkajüte

aber unterscheidet sich das Interieur kaum von den Außenborderbooten. Im Übergangsbereich wird oft das gleiche Boot in einer Außen- und in einer Innenborderversion angeboten. Größere Boote bieten natürlich mehr Fahrkomfort und eine umfangreichere Instrumentierung. Länge bis etwa 6,80 m, Motorisierung bis zu etwa 170 PS (125 kW).

Daycruiser haben die eleganten Linien eines rassigen Sportbootes, weil ein Kajütaufbau fehlt, sind aber reine Kajütboote, nur wurde die Kajüte ins Vordeck integriert. Sie enthält meistens nur kleine Ablagen und zwei Schlaf-

plätze. Manchmal auch noch eine kleine Kochstelle mit Spüle (Pantry). Der Kajütraum muss zwangsläufig niedrig ausfallen und bietet wenig Wohnkomfort. Wie die englische Bezeichnung bereits andeutet – ein mehr für Tagesfahrten gedachtes Boot. Länge bis etwa 7,20 m, Motorisierung bis zu etwa 200 PS (146 kW), mit ein oder auch zwei Maschinen.

Eine Mischform ist die so genannte **Halbkajüte** mit einer Art hinten offenem Hardtop, der meistens bis über den Steuerstand reicht. Darunter befinden sich Schlafplätze und Pantry. Das Cockpit lässt sich teilweise in den »Wohnbe-

*Oben links:
Innenborder Sport-
boot mit Z-Antrieb*

*Oben rechts:
Kreuzer mit Flybridge*

Links: Schlauchboot

*Rechts: Außenborder-
Sportboot*

reich« mit einbeziehen. Meist handelt es sich um kleinere Boote bis zu etwa 6,80 m Länge mit Außen- oder Innenbordern. Sie werden aber nur noch selten gebaut.

Kajütboote haben eine geschlossene Kajüte, in der sich oft auch der Steuerstand befindet. Zu der üblichen Vorderkajüte kann noch eine Achterkajüte kommen. Sie beherbergen bescheidenen bis angenehmen Komfort, denn in diese Kategorie fallen Boote zwischen 7 und 12 m Länge. Die früher geläufige Bezeichnung »Kreuzer« oder auch »Motorkreuzer« für Boote von etwa 8,50 m an aufwärts ist heute ziemlich aus dem Sprachgebrauch verschwunden. Sie charakterisiert jedoch ganz gut die Einsatzmöglichkeiten: Es sind Boote, mit denen man längere Reisen (Törns) unternehmen kann. Sie haben genügend bequeme Schlafplätze, ein vom Wohnraum abgetrenntes WC mit Dusche und eine voll funktionsfähige Küche (Pantry). Außerdem ausreichenden Stauraum für den erforderlichen Proviant und entsprechend große Trinkwasser- und Treibstofftanks. Häufig haben sie, zumindest die größeren Boote, einen zweiten Steuerstand auf dem Kajütdach, die so genannte Flybridge. Mit Sofabänken ausgestattet, erreicht sie oft die Dimension eines kleinen Sonnendecks.

Ein Kajütboot oder Kreuzer kann mit ein oder zwei Motoren, mit Benzinern oder mit Dieseln bestückt sein. Genau wie die

Motoryacht. Das ursprüngliche Kriterium für eine Motoryacht war, sie musste mehr als nur ein Deck haben. Auf jeden Fall sind es Yachten so ab etwa 13 m Länge mit mehreren getrennten Wohn-, Schlaf- und Sanitärräumen, mit Mannschaftslogis für den Bootsmann oder weitere bezahlte »Hände«. Ihre Tankkapazität ist für längere Überseefahrten ausgelegt.

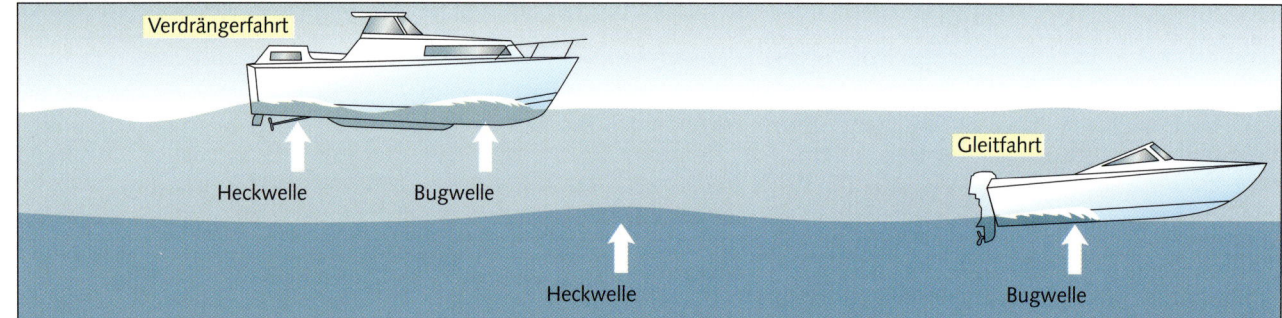

Verdränger und Gleiter

Es gibt im Motorbootbau zwei grundsätzliche Konstruktionsprinzipien: den schnellen über die Wasseroberfläche dahingleitenden **Gleiter** und den langsamen durchs Wasser pflügenden **Verdränger.**

Gleiter: springt in schneller Fahrt über die Wellen.

Die Rumpfgeschwindigkeit

Jedes Schiff hat eine rechnerisch zu ermittelnde Rumpf- oder Grenzgeschwindigkeit. Sie ergibt sich aus der Länge der Wasserlinie. Man rechnet:

❏ Wurzel aus der Wasserlinienlänge in Metern **x** 4,5 = Geschwindigkeit in Stundenkilometern (km/h).

❏ Wurzel aus der Wasserlinienlänge in Metern **x** 2,43 = Geschwindigkeit in Knoten (kn) = Seemeilen pro Stunde.

Der Rumpf liegt dann in einem ausgeprägten Wellental, eingebettet zwischen Bug- und Heckwelle. Mehr Antriebskraft durch stärkere Motorisierung macht das Boot nicht schneller. Sie erzeugt nur eine höhere Heckwelle, an der sich das Heck festsaugt, und ein tieferes Wellental.

Verdränger: langsam, aber sparsam im Verbrauch.

Man spricht in diesem Fall von einem **Verdränger** und **Verdrängerfahrt.** Das Boot verdrängt eine Wassermenge, deren Gewicht gleich seinem eigenen Gewicht ist.

Verdränger haben eine mehr oder minder runde Bodenform und oft ein rundes Heck. Sie sind meist mit Innenbordern ausgerüstet.

❑ Vorteile des Verdrängers: Er kann seine Höchstgeschwindigkeit mit einer geringen Motorisierung erreichen und ist dementsprechend sparsam im Verbrauch. Er läuft in rauem Wasser weicher als ein Gleitboot.

Dynamischer Auftrieb

Leichte Boote hingegen mit einer entsprechend ausgelegten Bodenform und einem so genannten Abrissheck können ihrem Wellensystem entrinnen. Zwar macht sich auch bei ihnen ein erhöhter Widerstand bemerkbar, wenn sie ihre Rumpfgeschwindigkeit erreichen, aber sie überwinden diesen kritischen Punkt. Sie schieben sich auf ihre Bugwelle und lassen ihre Heckwelle hinter sich. Sie gleiten. Je weiter die Heckwelle achteraus wandert, umso höher ist die **Gleitfahrt.** Ermöglicht wird sie durch einen teilweise dynamischen Auftrieb unter dem Bootsboden, der den Bug trägt. Ein Boot in Gleitfahrt wird also leichter, es verdrängt weniger Wasser als seinem Gewicht entspricht. Deshalb verursacht ein **Gleitboot** in Gleitfahrt auch nur einen geringen Wellenschlag. Gleichzeitig verringert sich die vom Wasser benetzte Rumpffläche und damit der Reibungswiderstand.

❑ Ein Gleitboot kann ein Mehrfaches seiner Rumpfgeschwindigkeit erzielen. Je leichter das Boot im Verhältnis zu seiner Motorisierung ist, umso schneller kommt es in Gleitfahrt. Als Faustregel gilt:

❑ Nur Boote, die leichter als 22 kg/kW (16 kg/PS) sind, kommen einwandfrei ins Gleiten.

❑ Nachteile des Gleiters: Bei rauem Wasser schlägt er ziemlich hart, sodass die Geschwindigkeit kaum oder gar nicht ausgefahren werden kann. Er braucht eine starke Motorisierung mit entsprechend hohem Brennstoffverbrauch.

Halbgleiter sind Boote mit einem zum Gleiten ausgelegten Boden. Sie sind aber zu schwer, um von ihrer Motorisierung ins Gleiten gebracht werden zu können: zwischen 22 und 41 kg/kW (16 und 30 kg/PS). Da sich unter ihrem Boden aber noch ein merklicher Staudruck aufbaut, der das Boot etwas aus dem Wasser hebt und so den Wellen verursachenden Widerstand verkleinert, laufen sie mehr als ihre Rumpfgeschwindigkeit. Alle schnellen Motorkreuzer von etwa 9 m Länge an aufwärts sind als Halbgleiter ausgelegt. Boote über 18 m jedoch werden überwiegend als Verdränger gebaut.

Bodenformen
Tiefer V-Boden – charakteristisch das bis hinten durchlaufende »V«. Typisch für seetüchtige Kajütboote. Weicherer Lauf in Rauwasser, aber wegen der größeren benetzten Bodenfläche nur mit stärkerer Motorisierung ins Gleiten zu bringen.
Gemäßigter V-Boden – läuft zum Heck ziemlich flach aus. Hauptsächlich Außenborderboote. Gleitet leichter, läuft aber härter in rauem Wasser. Rundspant-Boden – kommt nicht ins Gleiten, erreicht aber mit relativ schwacher Motorisierung seine Rumpf- oder Höchstgeschwindigkeit. Typische Bodenform aller Verdränger.

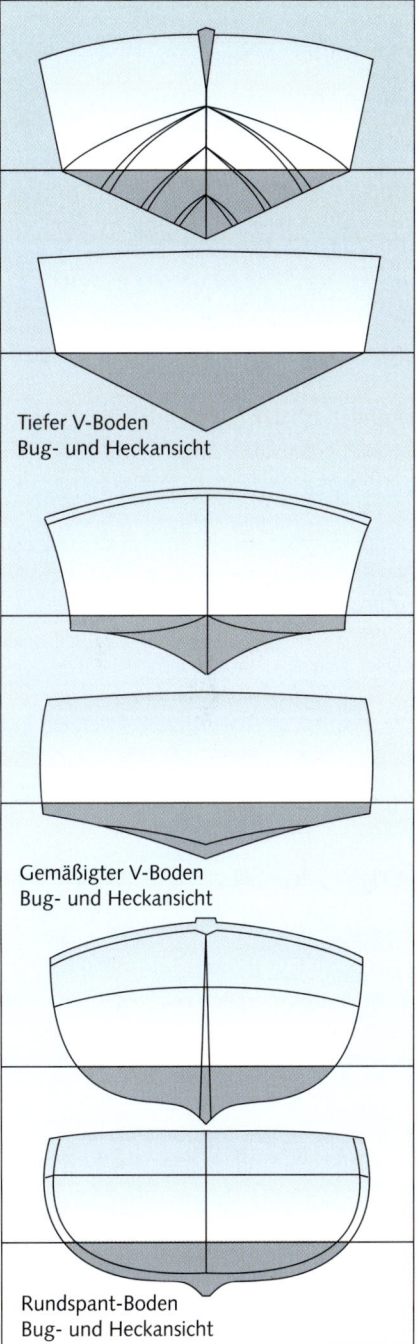

Tiefer V-Boden
Bug- und Heckansicht

Gemäßigter V-Boden
Bug- und Heckansicht

Rundspant-Boden
Bug- und Heckansicht

Der Bootsmotor

Motorenkunde

Benzin- und Dieselmotor

Auch unter den Bootsmotoren gibt es Benzin- oder Ottomotoren und Dieselmotoren.
Benzinmotoren saugen im Vergaser ein Benzin/Luft-Gemisch an, das von einer elektrischen Zündkerze gezündet wird.
Dieselmotoren saugen nur Luft an, die durch hohe Verdichtung so stark erhitzt wird, dass sich das eingespritzte Dieselöl von selbst entzündet. Beim Dieselmotor gibt es also keinen Vergaser und keine elektrische Zündanlage, stattdessen eine Brennstoffpumpe und eine Brennstoffdüse.

❏ Die Vorteile des Diesels: größere Explosionssicherheit, bedingt durch das Dieselöl und die fehlende Elektrizität. Wartungsärmer, da weniger störanfällige Teile. Höhere Lebensdauer. Geringerer Kraftstoffverbrauch.

❏ Die Nachteile des Diesels: höherer Preis, höheres Gewicht und größere Einbaumaße als ein gleich starker Benziner. Stärkere Geräuschentwicklung und Vibrationen.

❏ Die Nachteile des Benziners: eine stets vorhandene Brand- und Explosionsgefahr. Auch wenn dieses Risiko durch eine sorgfältige Installation der gesamten Anlage, einschließlich Tank, weitgehend ausgeschaltet werden kann.

Zweitakter und Viertakter

Unter den Benzinmotoren gibt es Zweitakter und Viertakter.

Einfach ausgedrückt, um den Kolben im Zylinder in Bewegung zu halten, sind vier Arbeitsgänge erforderlich. Das Benzin/Luft-Gemisch muss angesaugt, verdichtet, verbrannt und das verbrannte Gas wieder ausgestoßen werden. Während nun beim Viertakter der Kolben für diese vier Arbeitsgänge vier Wege macht – runter-rauf-runter-rauf –, braucht der Zweitakter-Kolben für dieselbe Arbeit nur zwei Wege, nämlich runter-rauf. Wesentlicher Unterschied:

❏ Der Zweitakter arbeitet mit einem Benzin/Öl-Gemisch, das die notwendige Schmierung besorgt.

❏ Der Viertakter verbrennt reines Benzin. Das Öl befindet sich in einer separaten Ölwanne und wird durch eine Ölpumpe an alle zu schmierenden Teile gefördert. Der Viertakter erfordert eine Ölkontrolle und gelegentlichen Ölwechsel.

❏ Vorteile des Zweitakters: kleinere Einbaumaße und geringeres Gewicht durch den Fortfall von Ventilen, Stößelstangen, Ölpumpe und anderen Aggregaten. Größere Leistung aus dem gleichen Hubraum.

❏ Vorteil des Viertakters: geringerer Benzinverbrauch und ruhigerer Lauf.

Wichtig für Einbaumaschinen: gute Zugänglichkeit von allen Seiten zur Kontrolle und Wartung und ausreichende Luftzufuhr. Jeder Motorraum sollte mit schallschluckendem, nicht entflammbarem Material ausgekleidet sein. (So sieht es aus, wenn eine Zwillingsanlage in einem zu kleinen Boot installiert wird.)

Der Außenbordmotor

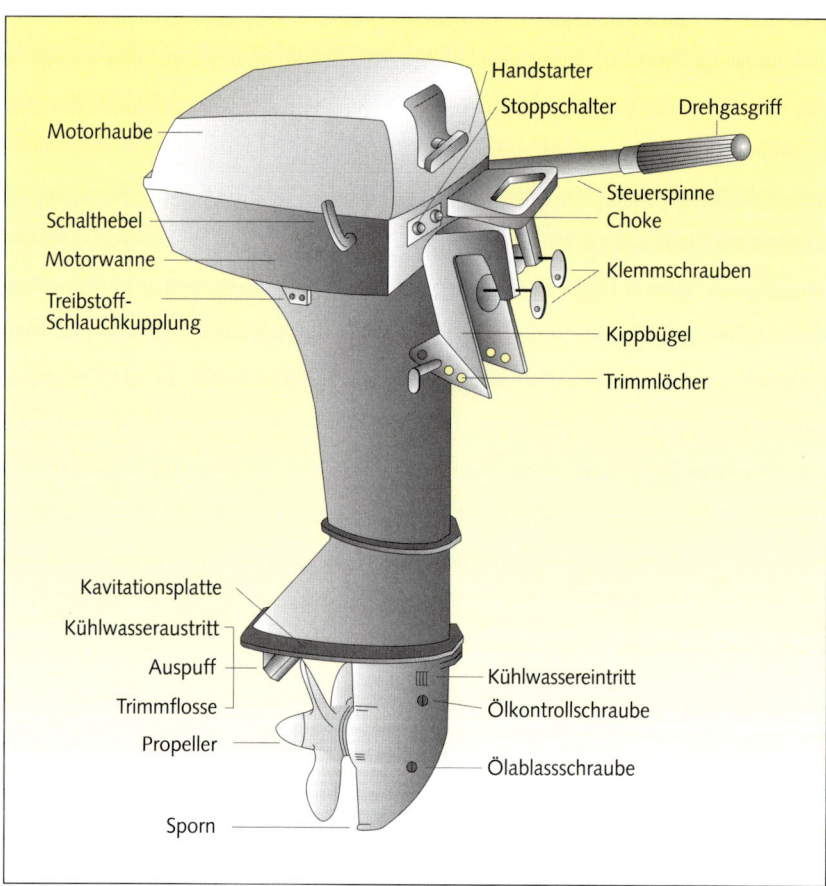

Der Außenborder ist der einzig mögliche Antrieb für alle kleineren Sportboote bis zu etwa 5 m Länge. Sein günstiges Leistungsgewicht (kg : kW/PS) wird von keinem Einbaumotor auch nur annähernd erreicht. Wird ein Bootstyp für Innen- oder Außenborder angeboten, wird man mit einem leistungsschwächeren Außenborder schneller und wirtschaftlicher fahren. Außenborder gibt es von 1,5 bis 187 kW (2 bis 254 PS), die kleineren Motoren mit Handstarter, die größeren mit Elektrostarter.

Außenborderbedienung

Den Motor so am Spiegel montieren, dass sich die Kavitationsplatte über dem Propeller etwas unterhalb des Bootsbodens befindet. Dadurch vermeidet man, dass der Propeller zu leicht Luft bekommt. Keinesfalls darf die Kavitationsplatte höher als der Boden liegt. Nicht nur, dass der Propeller dann zu leicht Luft ansaugen würde, auch die Kühlwasserpumpe könnte Luft schnappen, und der Motor würde überhitzt.
Die Kippvorrichtung unterhalb des Kippbügels sperren, sonst schlägt der Schaft beim Anreißen des Starterseils oder beim Achterausfahren hoch.
Da kleinere Außenborder manchmal bei eingekuppeltem Propeller keine Sperre haben, beim Starten unbedingt darauf achten, dass das Getriebe auf Leerlauf (neutral) steht. Sonst könnte man vom plötzlich vorausschießenden Boot über Bord katapultiert werden.

Außenborderdetails Motorwanne und abnehmbare Motorhaube umschließen die kompakte Motoreinheit. Der Kippbügel erlaubt ein Hochklappen des Motors. Die Kavitationsplatte verhindert Dampfblasenbildung durch Lufteinbrüche am Propeller (Kavitation). Die Trimmflosse gleicht den seitlichen Propellerschub (den Radeffekt) aus. Der Sporn schützt den Propeller bei Grundberührung. Prinzip und Bedienungselemente sind bei allen Außenbordern gleich. Bei größeren kommt der Elektro-(Fern-)Start hinzu. Normalschaftlänge 37 cm, Langschaft 51 cm.

Das Kühlwasser kontrollieren, das in dünnem Strahl am Schaft austritt.
Vorm Hochkippen und Stauen des Außenborders die Benzinleitung abnehmen und den Motor so lange laufen lassen, bis er abstirbt. Dann sind Vergaser und Schwimmerkammer leer. So tropft kein Benzin aus dem Vergaser ins Wasser oder Boot.
Bei Transport und Lagerung des Außenborders darf der Kopf nie tiefer liegen als der Schaft. Sonst könnte restliches Kühlwasser in den Zylinder laufen und dort erhebliche Schäden verursachen.

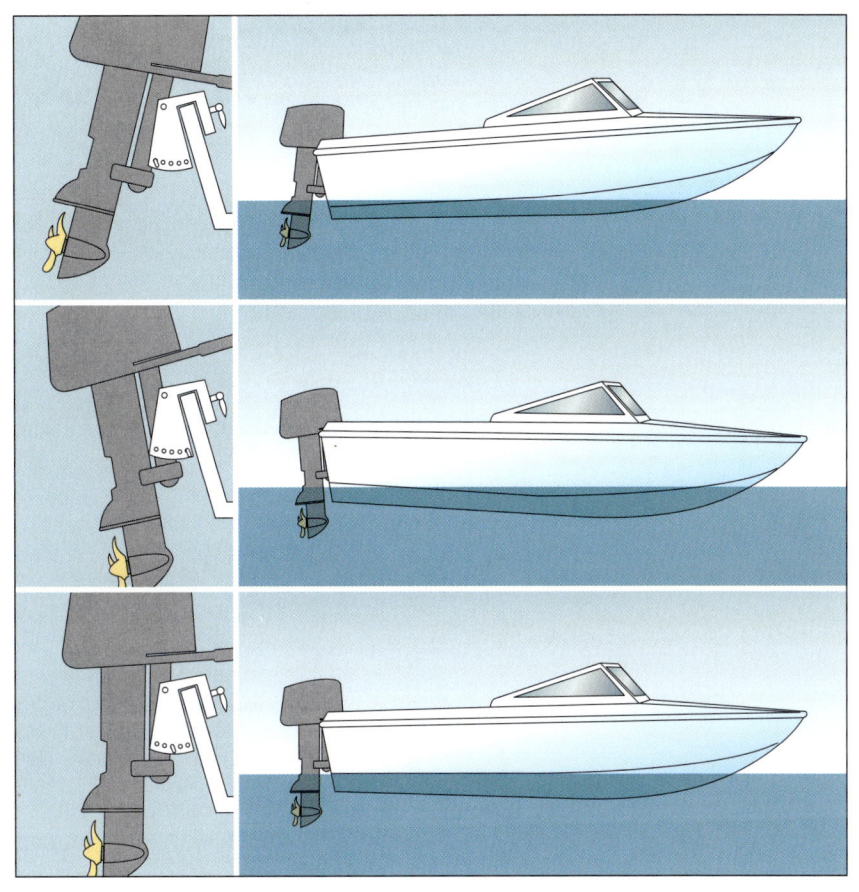

**Der richtige Anstellwinkel
des Motors**

Der Motor ist zu stark angekippt. Das Heck wird ins Wasser gedrückt, der Bug hoch. Ein Teil des Propellerschubs ist in Richtung Grund gerichtet. Außerdem wird das Fahrverhalten unsicher.

Der Motorschaft ist zu stark an den Spiegel geholt. Das Heck wird angehoben, der Bug ins Wasser gedrückt. Ein Teil des Propellerschubs richtet sich wirkungslos gegen den Bootsboden. Das Boot kann in einer Welle unterschneiden und voll laufen.

Der optimale Anstellwinkel bei Gleitfahrt. Der Propeller kann seine ganze Kraft in Vorausschub verwandeln. Das Boot liegt annähernd plan auf dem Wasser und erreicht so die höchste Geschwindigkeit bei geringstem Verbrauch.

Außenbordertrimm

Mit den Trimmlöchern (3 bis 5) in dem Segment am Kippbügel lässt sich der Anstellwinkel des Außenborderschaftes verändern. Er muss so angestellt werden, dass er bei Gleitfahrt im rechten Winkel im Wasser steht. Nur so kann der Propeller seine Schubkraft voll entwickeln. Meist wird man das im zweiten Loch von unten erreichen. Die optimale Einstellung wird häufig auch in der Betriebsanleitung des Motors genannt, doch kann sie natürlich nicht für jedes Boot mit unterschiedlicher Belastung optimal sein.

Wird der Motor zu weit vom Spiegel abgekippt, wird das Heck zu tief ins Wasser gedrückt. Dadurch vergrößert sich die so genannte benetzte Oberfläche, und das erhöht den Reibungswiderstand im Wasser. Das kann einen Mehrverbrauch an Benzin bis zu 12 % ausmachen.

Ähnlich negativ ist der Effekt, wenn der Motorschaft zu dicht an den Spiegel herangeholt wird. Dann verzehrt der Propeller einen Teil seiner Schubkraft, um das Boot hinten anzuheben, während es mit dem Bug durchs Wasser pflügt.

Nun kann man aber diese Trimm-Möglichkeiten, die der Außenborder bietet, durchaus auch positiv einsetzen. Hat man beispielsweise schwere Lasten – etwa mehrere Treibstoffkanister – hinten im Boot, liftet der an den Spiegel getrimmte Motorschaft das tiefer eingetauchte Heck so weit, dass das Boot wieder eine waagerechte Schwimmlage einnimmt.

Umgekehrtes gilt für schwere Gewichte im Bug – etwa ein voller Einbautank. Durch den stärker angekippten Motor wird der Bug in die Horizontale hochgetrimmt.

Antriebsanlagen und Getriebe

Die Kraftübertragung vom Motor über die Welle zum Propeller erfolgt fast ausnahmslos mit einem mechanischen Getriebe. Nur selten und nur auf größeren Yachten werden Hydraulik-Übertragungen eingebaut. Ihr Leistungsverlust ist hoch. Das übliche Bootsgetriebe ist ein so genanntes Wendegetriebe, gelegentlich auch als Umkehrgetriebe bezeichnet. Durch Umkehrung der Drehrichtung des Propellers macht das Boot entweder Fahrt voraus oder achteraus.

Weitere Funktionen des Getriebes: Es kuppelt den Propeller aus und es untersetzt meistens eine hohe Motordrehzahl auf eine niedrigere Propellerdrehzahl.

Beim **Außenborder** verläuft die Antriebswelle senkrecht durch den Schaft und wirkt über einen Kegelrad-Trieb auf die rechtwinklig angreifende Propellerwelle.

Beim **Z-Antrieb,** auch als Aquamatic bezeichnet, ist das Außenbordaggregat durch ein Doppelkreuzgelenk mit der Antriebswelle verbunden. Sie wird einmal im Kopf des Schaftes rechtwinklig umgelenkt und greift unten über einen Kegelrad-Trieb an der rechtwinkligen Propellerwelle an. Dieser zweimaligen rechtwinkligen Umlenkung des Getriebes verdankt das Aggregat seinen Namen.

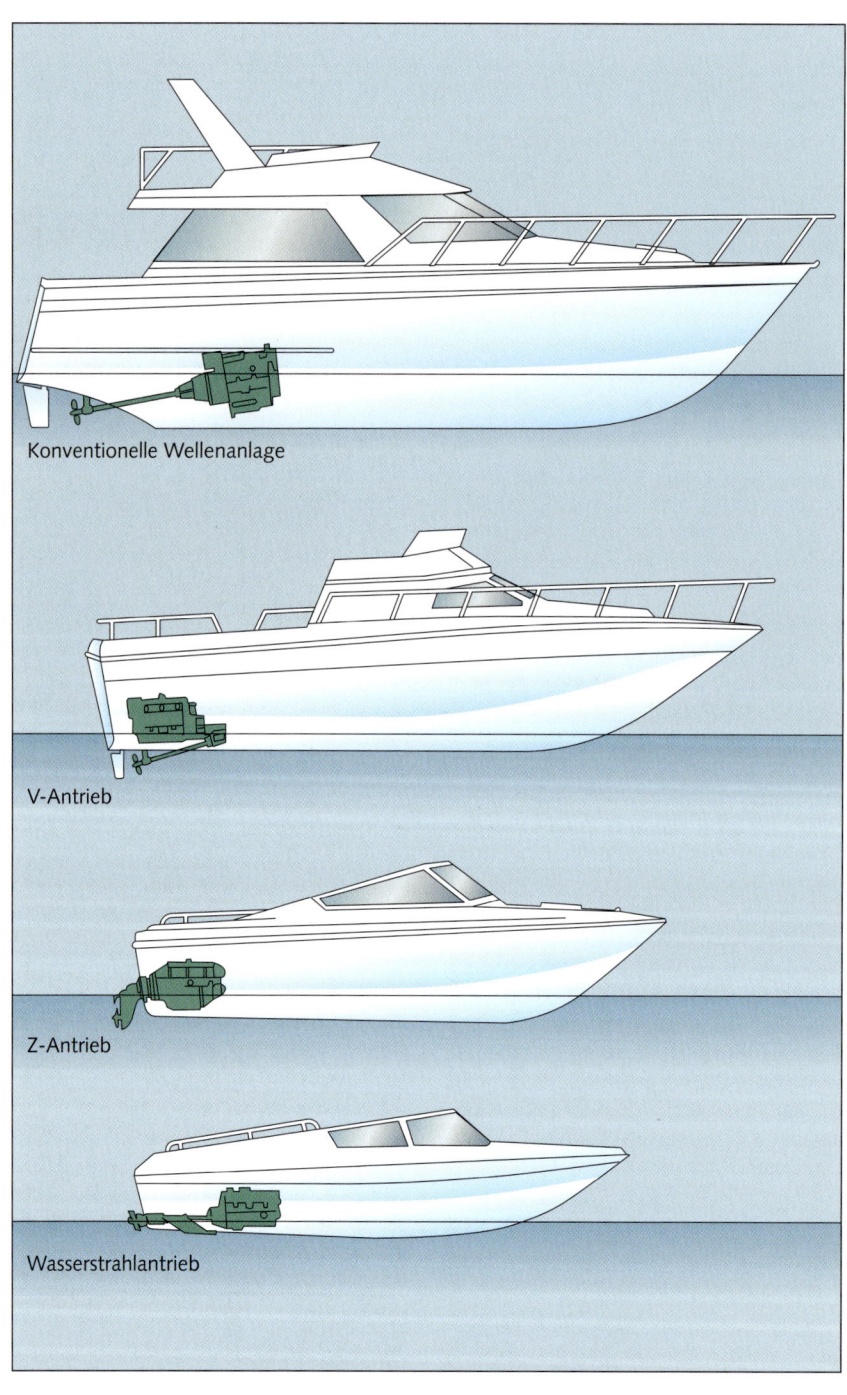

Konventionelle Wellenanlage

V-Antrieb

Z-Antrieb

Wasserstrahlantrieb

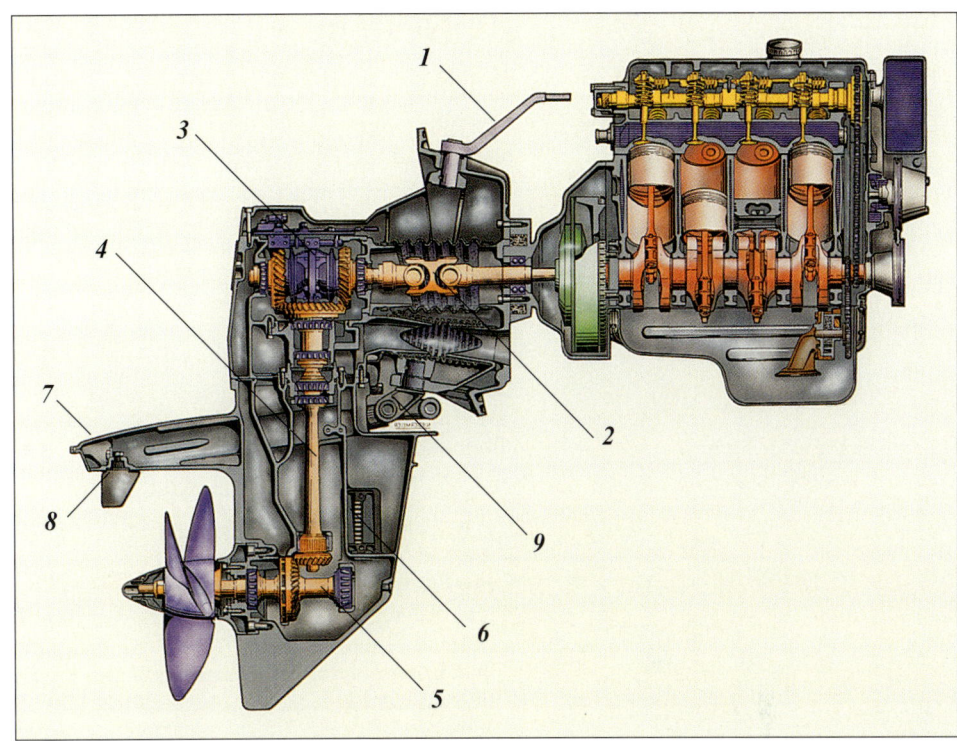

Vierzylinder-Innenborder mit Außenbord-Aggregat (Z-Trieb)

1 *Steuerarm zum Anschluss des Steuerkabels*
2 *Doppelkreuzgelenk an der Verbindung von Innen-bord/Außenbord-Aggregat*
3 *Kupplung zum Umschal-ten von Vorwärts- in Rück-wärtsfahrt*
4 *Antriebswelle*
5 *Propellerwelle*
6 *Kühlwassereintritt*
7 *Kavitationsplatte mit Abgasauslass (Auspuff) und Kühlwasseraustritt*
8 *Trimmflosse zum Aus-gleich des Propeller-Rad-effekts*
9 *»Power-Trimm« ermög-licht ein Hochkippen des Antriebs und die stufen-lose Einstellung verschie-dener Anstellwinkel*

Gesteuert wird mit dem schwenkbaren Z-Antrieb (ähnlich wie mit dem Außenborderschaft). Die Manövrierfä-higkeit ist deshalb erheblich besser als bei einer starren Welle mit Ruder.

Alle Innenborder-Sportboote haben Z-Antriebe (von einigen wenigen Aus-nahmen abgesehen). Sie eignen sich für den Einbau in Yachten bis zu etwa 12 Meter Länge.

Bei der **konventionellen Wellenanlage** liegen die Kurbelwelle des Motors, Wendegetriebe und Propellerwelle hin-tereinander in der gleichen Richtung.

Beim **V-Antrieb** bilden Antriebswelle und Propellerwelle einen mehr oder minder spitzen Winkel und wirken in entgegengesetzte Richtung.

Die Umlenkung erfolgt über bewegli-che Kreuzgelenke oder Kegelräder und zwei Zahnräder. Auf diese Weise kann der Motor nahe über oder sogar hinter dem Propeller eingebaut werden. Das kann aus Platz- oder Trimmgründen er-forderlich sein. Bei beiden Anlagen spricht man von einer starren Welle. Sinnvoll und notwendig sind sie auf Yachten über 12 Meter Länge.

Beim **Wasserstrahlantrieb,** häufig auch als Jet-Antrieb bezeichnet, entfal-len Wendegetriebe, Propeller und Ruder. Der Motor treibt ein in einer Pumpe rotierendes Schaufelrad an. Durch einen Schacht im Bootsboden wird Wasser angesaugt, beschleunigt und unter hohem Druck durch die Was-serstrahldüse ausgestoßen. Gesteuert wird durch Umlenken des Strahls mit einer Klappe, dem Deflektor. Zum Rückwärtsfahren wird der Strahl nach vorne, unter den Bootsboden, umge-lenkt und so die Schubkraft umgekehrt. Wasserstrahlantriebe erfordern eine ganz andere Manövrierpraxis als Pro-pellerboote. Ihr Wirkungsgrad ist ver-hältnismäßig gering gegenüber Propel-lern. Sie werden hauptsächlich in Katas-tropheneinsatz-Booten verwendet, weil keine Antriebsteile unter den Bootsbo-den hinausragen, die beschädigt wer-den oder jemand verletzen könnten.

Die **Stopfbuchse** verhindert bei starren Wellen, dass Wasser über die Propel-lerwelle ins Boot gelangt. Neuzeitliche Stopfbuchsen sind selbstdichtend, kon-ventionelle arbeiten mit einer Stopf-buchsenpackung. Sie muss so einge-stellt werden, dass die Welle nicht ganz trocken läuft, aber auch möglichst wenig Wasser durchleckt.

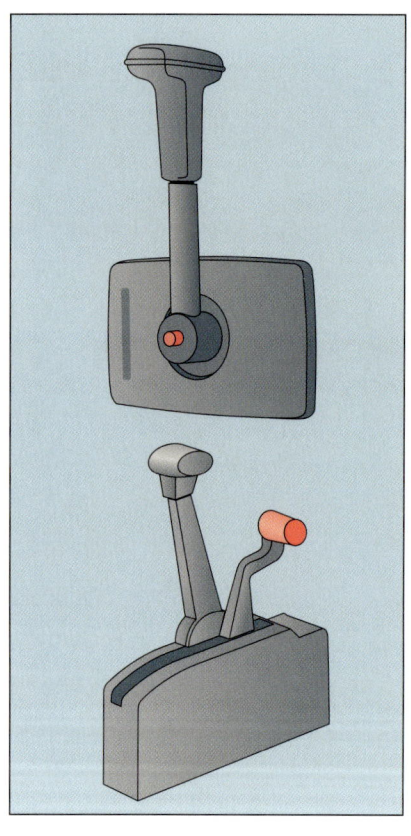

Kühlsystem

Wie die meisten Außenborder werden auch fast alle Einbaumotoren wassergekühlt, weil es an Bord von Yachten kaum möglich ist, die erforderliche Kühlluftmenge für eine Luftkühlung heranzuführen. Grundsätzlich ist zu unterscheiden zwischen der Einkreiskühlung und der Zweikreiskühlung.

Bei der **Einkreiskühlung** – auch direkte Kühlung genannt – wird von einer Pumpe ständig Außenbordwasser durch den Kühlkreislauf des Motors und des Auspuffs gepumpt.

❑ Der Vorteil: geringer Platzbedarf, nur eine Pumpe.

❑ Der Nachteil: Bei Temperaturen von über 65° würden Kalk und Salzkristalle ausfallen und den Kühlkreislauf schnell verengen und schließlich verstopfen. Deshalb muss der Motor zu kalt – mit Untertemperatur – gefahren werden. Das aber bedeutet einen schlechteren Wirkungsgrad, höheren Verbrauch und einen schnelleren Verschleiß. Bei einer Störung der Kühlung zerstört die schlagartig ansteigende Temperatur in kürzester Zeit den Motor.

Bei der **Zweikreiskühlung** ist der Motor an einen geschlossenen Süßwasserkreislauf angeschlossen, der in einem von Außenbordwasser durchflossenem Wärmetauscher heruntergekühlt wird.

❑ Der Vorteil: Der Motor kann in einem günstigen Temperaturbereich und dadurch wirtschaftlicher gefahren werden. Seine Lebensdauer erhöht sich. Bei einer Störung – Ausfall einer Pumpe oder Verstopfen der Ansaugventile – steigt die Temperatur nur langsam an, und man wird den Motor wohl immer rechtzeitig abstellen können.

❑ Der Nachteil: mehr Platzbedarf und eine zweite Pumpe.

Das Prinzip der Ein- und Zweikreiskühlung. Das Seewasser (blau) durchläuft das innere Kühlsystem (links). – Das Seewasser durchläuft den Wärmetauscher und kühlt das Süßwasser (grün) des inneren Kreislaufs herunter. Z-Antriebe saugen das Motorkühlwasser über ihren Schaft an und führen es mit den Abgasen über den Schaft wieder ab.

Die Schaltung

Es gibt Einhebel- und Zweihebel-Schaltungen.

Mit der **Einhebel-Schaltung** werden Gas und Getriebe gleichzeitig bedient. Da der Weg von voraus auf zurück oder umgekehrt immer über Neutral = Standgas führt, sind grobe Schaltfehler weitgehend ausgeschlossen.

Bei der **Zweihebel-Schaltung** sind Gas und Getriebe getrennt. Vor dem Schalten muss das Gas zurückgenommen werden. Geschaltet wird nur mit Standgas, will man sein Getriebe nicht in kürzester Zeit verschleißen.

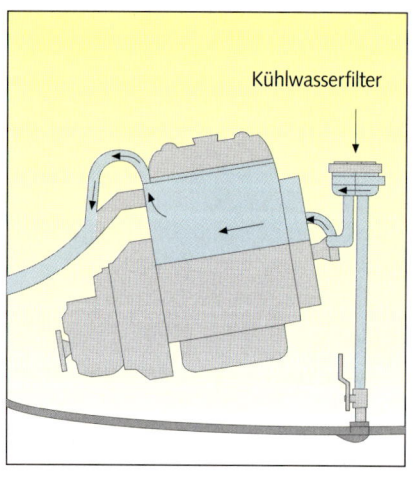

Kühlwasserfilter

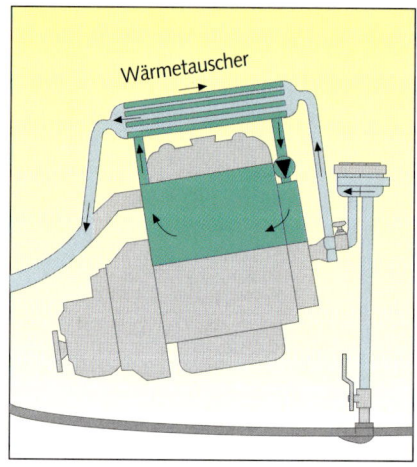

Wärmetauscher

Propeller

Es gibt 2-, 3- und 4-flügelige Propeller. 2-flügelige werden meist nur an kleinen Außenbordern gefahren, 4-flügelige an schweren Arbeitsbooten.

Durchmesser und Steigung

Der Propeller enthält – leider nicht immer – zwei Angaben, beispielsweise $9^1/_2$ x 8 (Zoll) oder 255 x 240 (mm). Die erste Zahl gibt den Propellerdurchmesser an, den Durchmesser des Kreises, den die Außenkanten der Propellerflügel bei einer Umdrehung beschreiben.
Die zweite Zahl bezeichnet die Steigung, den Weg, den ein Propeller bei einer Umdrehung in einem festen Medium – ähnlich einer Schraube im Holz – zurücklegen würde. Propeller unterschiedlichen Durchmessers können durchaus die gleiche Steigung haben und umgekehrt.

❑ Schubpropeller für schwere Verdränger müssen unterquadratisch sein. Das heißt, der Durchmesser muss größer sein als die Steigung, die erste Zahl auf dem Propeller also größer als die zweite sein.

❑ Beim überquadratischen Propeller ist der Durchmesser kleiner als die Steigung. Man braucht ihn für leichte, schnelle Motorboote.
❑ Mit einem falschen Propeller kommt

der Motor bei Vollgas entweder nicht auf volle Drehzahl, dann ist die Steigung zu hoch, oder aber er dreht zu hoch. Dann ist die Steigung zu gering. Beides führt zu einem schnellen Verschleiß des Motors.
Beschädigte Propeller sind umgehend zu ersetzen. Nicht nur, dass ihre Leistung absinkt und der Verbrauch steigt, sie können auch Getriebeschäden verursachen.

Rechtsgängig und rechtsdrehend

Wenn ein Propeller, von hinten gesehen, bei Vorausfahrt des Bootes rechtsherum – also im Uhrzeigersinn – dreht,

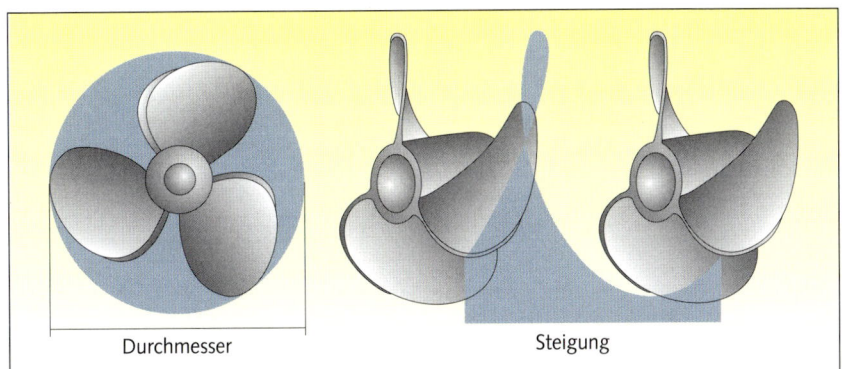

Durchmesser   Steigung

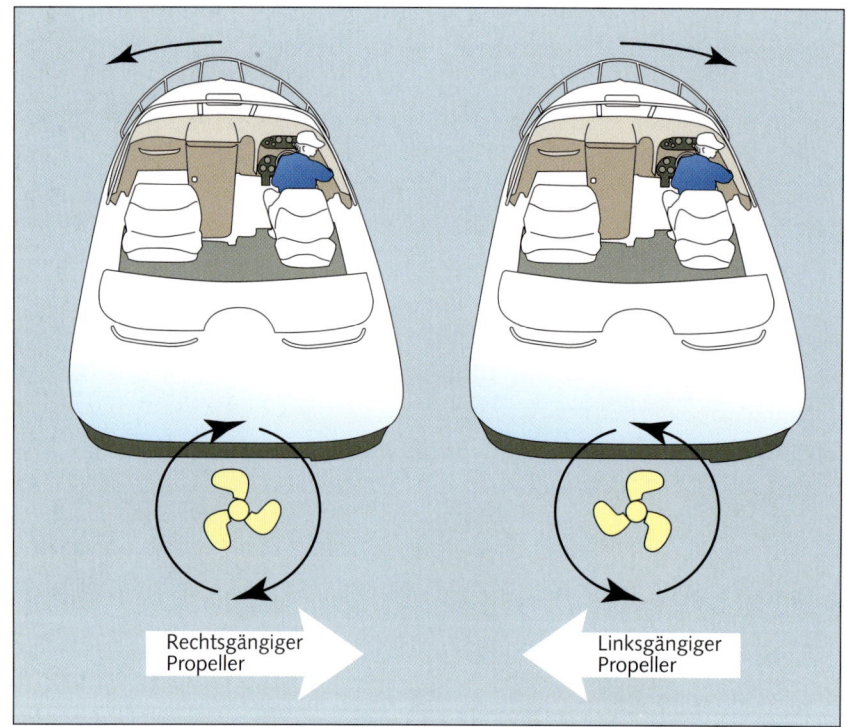

Rechtsgängiger Propeller

Linksgängiger Propeller

ist er rechtsgängig. Ein in Vorausfahrt linksherum drehender Propeller ist linksgängig.

Da bei Rückwärtsfahrt der Propellerdrehsinn umgekehrt wird, dreht ein rechtsgängiger dann linksherum und ein linksgängiger entsprechend rechtsherum. Rechtsgängig und rechtsdrehend ist also keineswegs dasselbe. Motorboote haben fast ausnahmslos rechtsgängige Propeller. Das zu wissen ist wichtig für Manöver mit Booten, die eine starre Welle haben. Motoryachten mit Doppelmaschinenanlage haben meistens links (an Backbord) einen linksgängigen und rechts (an Steuerbord) einen rechtsgängigen Propeller. Seltener sind nach innen schlagende Propeller, also links ein rechtsgängiger, rechts ein linksgängiger.

Der Radeffekt

Ein Propeller liefert nicht nur den erwünschten Vortrieb, den Schub in Vorausrichtung. Er wandert auch immer etwas zur Seite, so als liefe er wie ein Rad auf dem Grunde. Deshalb nennt man diese Erscheinung auch Radeffekt. Dabei nimmt der Propeller das Heck über sich spürbar in diese Richtung mit. Der Bug wird dadurch in die entgegengesetzte Richtung gedreht.
❏ Ein rechtsgängiger Propeller versetzt dementsprechend das Heck bei Vorausfahrt immer etwas nach rechts.
Das Boot läuft leicht nach links aus dem Kurs. Beim linksgängigen Propeller ist das Verhalten genau entgegengesetzt. Bei Rückwärtsfahrt, wenn der

Propeller in entgegengesetzter Richtung dreht, tritt genau der umgekehrte Effekt ein. Aber in verstärktem Maße. Bei Außenbordern und Z-Antrieben kann der Radeffekt durch die verstellbare Trimmflosse an der Kavitationsplatte weitgehend oder ganz aufgehoben werden, sodass er keinen oder nur geringen Einfluss auf die Fahr- und Manövriereigenschaften hat.
Bei gegenläufigen Propellern auf Yachten mit Zwillingsmotoren hebt sich der Radeffekt vollständig auf.

Die Steuerung

Grundsätzlich ist zwischen zwei recht unterschiedlichen Steuersystemen zu unterscheiden, dem **Steuerpropeller** und dem **Ruder.**
Boote mit Außenborder oder Z-Antrieb werden durch direktes Umlenken der Propellerschubrichtung gesteuert. Das Heck dreht dahin, wohin der vorausgehende Propeller schiebt oder der rückwärtsgehende zieht. Dadurch sind solche Boote sehr manövrierfähig auf engem Raum. Ein Ruder haben sie nicht.
Der **Nachteil:** Je langsamer man fährt, umso geringer wird die Steuerfähigkeit. Mit ausgekuppeltem Propeller hört sie überhaupt auf, weil der Schaft gar keine oder nur eine sehr geringe Ruderwirkung hat.
Bei Innenbordantrieben mit starrer Welle wird zum Steuern das hinter dem Propeller sitzende Ruderblatt gegen den Propellerstrom angestellt. Der dadurch auf das Ruderblatt ausgeübte Druck schiebt das Heck zur entgegengesetzten Seite hinüber. Da aber nur ein Teil des Propellerstromes für die Ruderwirkung ausgenutzt werden kann, ist sie denn auch geringer als mit einem Steuerpropeller. Bei Rückwärtsfahrt ist

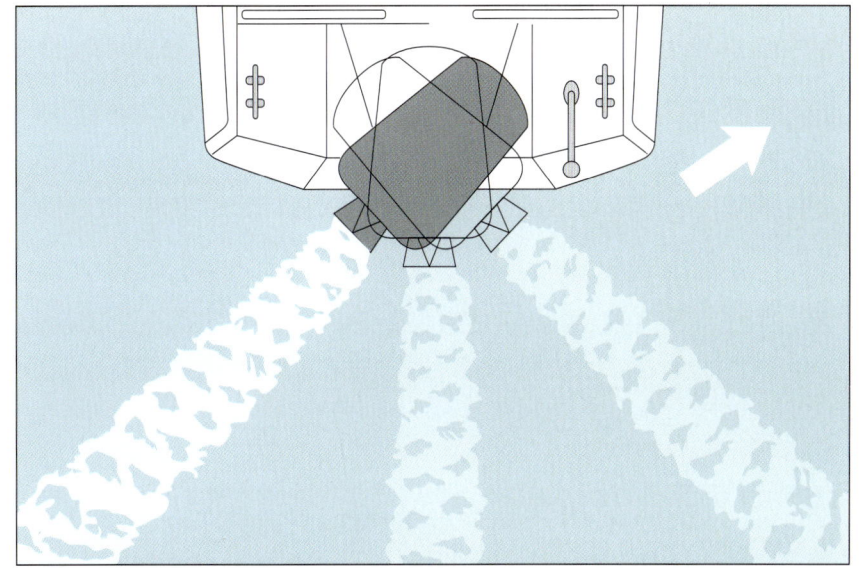

Der Steuerpropeller

Boote mit Außenborder werden durch Schwenken des gesamten Motors gesteuert. Boote mit Z-Antrieb durch Schwenken des Außenbordaggregats. Schlägt man nach links ein, drückt der Propellerschub das Heck nach rechts (Steuerbord). Bei Rückwärtsfahrt wird, bei einem Linkseinschlag, das Heck vom Propeller nach links (Backbord) gezogen. Die volle Ausnutzung des direkt umgelenkten Propellerschubs ermöglicht, sehr enge Kurven zu fahren.

Starre Welle mit Ruder

Das Ruderblatt wird gegen den geradeaus gerichteten Propellerstrom angestellt. Es entsteht ein Staudruck, der das Heck zur entgegengesetzten Seite drückt. Der Ausschlag des Hecks ist aber nie so stark wie bei einem Steuerpropeller. Deshalb ist der Drehkreisdurchmesser eines Bootes mit starrer Welle denn auch etwa doppelt so groß. Anders sieht es auf Yachten mit zwei Maschinen aus. Durch Vorausgehen mit der einen und Achterausgehen mit der anderen lassen sie sich auf der Stelle drehen.

der Propellerstrom nach vorn gerichtet. Das Ruder reagiert allein auf die Fahrt, die das Boot durchs Wasser macht. Entsprechend schlecht ist denn auch die Ruderwirkung und das Steuern manchmal schwierig.

Der **Vorteil:** Mit einem Ruderblatt hat man so lange »Ruder im Schiff«, wie sich das Boot durchs Wasser fortbewegt. Also auch noch mit dem ausgekuppelten Propeller.

Merke: Ein Boot dreht stets nach der Seite, auf der das Ruderblatt (oder der Steuerpropeller) liegt. Das gilt für Vorausfahrt ebenso wie für Fahrt achteraus.

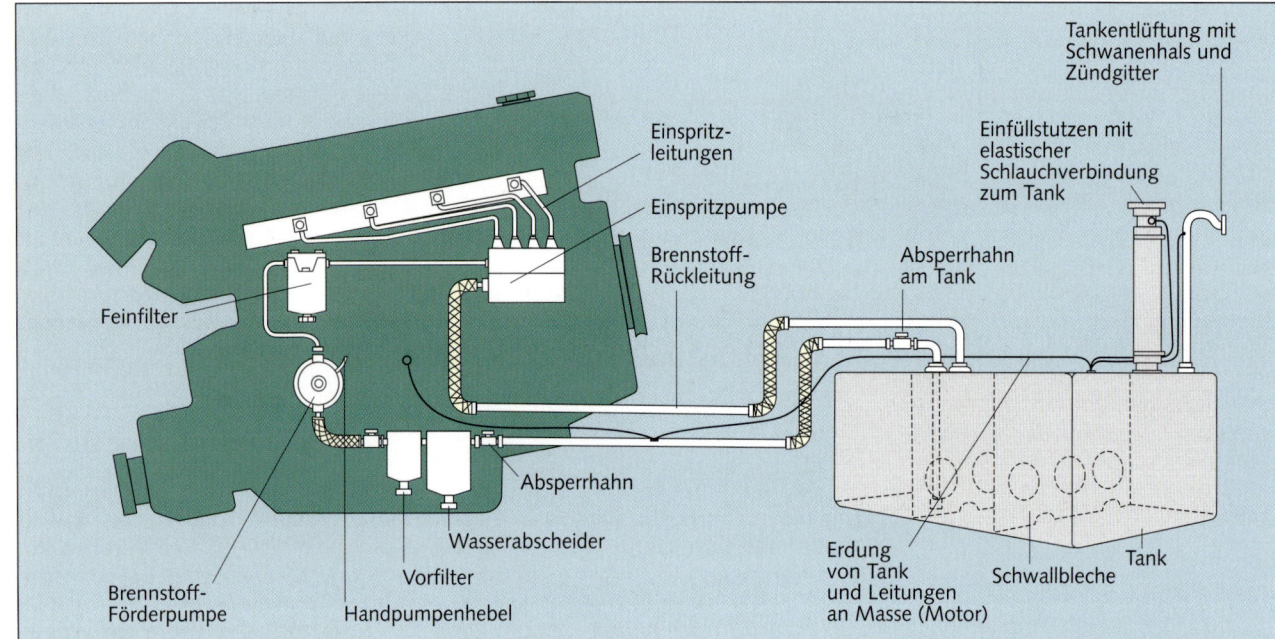

Einspritz-
leitungen

Einspritzpumpe

Brennstoff-
Rückleitung

Feinfilter

Absperrhahn

Wasserabscheider

Vorfilter

Brennstoff-
Förderpumpe

Handpumpenhebel

Tankentlüftung mit
Schwanenhals und
Zündgitter

Einfüllstutzen mit
elastischer
Schlauchverbindung
zum Tank

Absperrhahn
am Tank

Erdung
von Tank
und Leitungen
an Masse (Motor)

Schwallbleche

Tank

Die Tankanlage

Da auslaufendes Benzin in Verbindung mit Luft ein hochexplosives Gemisch bildet, sind an Tankanlagen hohe Sicherheitsanforderungen zu stellen.

❑ Der Tank sollte sich in einem abgeschotteten Bootsteil befinden, damit sich der Treibstoff bei einem Leck nicht im gesamten Boot verteilt. Der Tank muss so sicher eingebaut sein, dass er sich bei heftigen Schiffsbewegungen, die besonders bei schnellen Gleitbooten auftreten, nicht losreißen kann. Direkt am Tank muss ein Absperrhahn sitzen, damit bei einem Bruch in der Leitung der Treibstoff nicht in die Bilge läuft. Auch wenn der Motor nicht benutzt wird, sollte der Absperrhahn geschlossen werden.

Brennstoffsystem eines Diesels: Im Prinzip sind alle Tankanlagen vom Einfüllstutzen bis zur Förderpumpe annähernd gleich. Beim Benziner sitzt anstelle der Einspritzpumpe der Vergaser. Auch entfällt die Brennstoffrückleitung, die überschüssiges Dieselöl von den Einspritzleitungen in den Tank zurückführt.

❑ Die Einfüllöffnung an Deck muss ringsum absolut dicht sein, damit übergelaufener Kraftstoff nicht unter Deck fließen kann.
❑ Die Tankentlüftung muss so nach außenbords geführt sein, dass dort entweichende Gase nicht ins Boot gelangen können. Sie sollte möglichst ein Zündgitter (Flammenschutz) haben.
❑ Die gesamte Tankanlage, einschließlich Einfüllstutzen, muss geerdet sein.

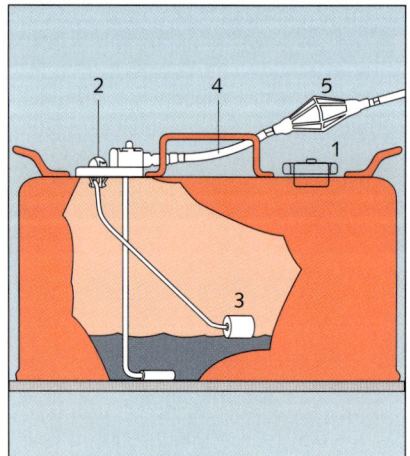

Außenbordertanks
Sie fassen meistens um 21 Liter
1 Tankverschluss mit Luftschraube
2 Brennstoffanzeige
3 Schwimmer
4 Brennstoffleitung
5 Ballpumpe

Dieseltanks dürfen nie ganz leer gefahren werden, weil sonst Luft angesaugt wird, die den Motor zum Stehen bringt. Die Entlüftung der Anlage ist zeitraubend und schwierig.

Außenbordertanks sind transportabel. Ein Bajonettverschluss verbindet die flexible Schlauchleitung mit dem Motor. Mit einem Gummiball wird vorm Anlassen Benzin/Öl-Gemisch vom Tank in den Vergaser gepumpt. Der Tank muss unbedingt rutschfest und kippsicher gehaltert werden.

Die meisten Außenbordertanks haben eine Entlüftungsschraube. Sie muss vor dem Anlassen geöffnet und wieder zugedreht werden, wenn der Motor längere Zeit abgestellt bleibt. Einige Tanks haben eine Entlüftungsautomatik.

Tanken

Die meisten Explosionsunfälle geschehen unmittelbar nach dem Tanken, weil sich im Boot Benzindämpfe gebildet hatten. Deshalb beim Betanken:
- ❑ Fenster und Luken dicht.
- ❑ Motor aus, nicht rauchen, keine elektrischen Schalter betätigen.
- ❑ Nicht von oder an Bord gehen.
- ❑ Metallischen Kontakt zwischen Tankpistole und Einfüllstutzen herstellen.

Nach dem Tanken:
- ❑ Luken und Fenster auf.
- ❑ Verschütteten Treibstoff aufwischen.
- ❑ Einige Minuten lang das Lüftergebläse im Motorraum laufen lassen (sollte vor jedem Start der Maschine geschehen).

Außenbordertanks nie an Bord füllen oder umfüllen, denn dabei entstehen immer Benzindämpfe.

Ist einmal Benzin in die Bilge gelaufen, mit Lappen oder mechanischer Lenzpumpe aufnehmen und anschließend die Bilge mit Wasser durchspülen.

Gasanlagen

Flüssiggasanlagen (Butan, Propan) erfreuen sich an Bord wachsender Beliebtheit. Da diese Gase in Verbindung mit Luft höchst explosiv sind, kommt der vorschriftsmäßigen Installation große Bedeutung zu. Anlage und Gasbehälter müssen den »Technischen Regeln für Flüssiggasanlagen auf Motoryachten und Segelbooten« entsprechen (Arbeitsblatt G 608). Sie sind vom Deutschen Verein des Gas- und Wasserfaches (DVGW) und dem Verband für Flüssiggas (VfG) erarbeitet worden. Die Anlage darf erstmalig nur in Gegenwart des Installateurs in Betrieb genommen werden und muss alle zwei Jahre überprüft werden. Eine Bescheinigung über den ordnungsgemäßen Einbau ist an Bord aufzubewahren.
- ❑ Die Gasflaschen sollen an Deck, außerhalb der Wohnräume, in einem

verschließbaren Schrank installiert werden. Nur auf kleinen Booten, auf denen das nicht möglich ist, dürfen sie in einem nur von außen zugänglichen gasdichten Raum untergebracht werden. Entweichendes Gas, das schwerer als Luft ist, muss nach außenbords abfließen können. Deshalb ist an der tiefsten Stelle des Flaschenraumes ein Abflussrohr mit Gefälle nach außenbords zu führen, das aber über der Wasserlinie münden muss. In den Flaschenräumen dürfen keine anderen Gegenstände untergebracht werden.
- ❑ Es dürfen nur Geräte (Kocher etc.) mit einer einwandfrei arbeitenden Zündsicherung eingebaut werden.
- ❑ Nach Gebrauch immer alle Hähne und das Flaschenventil schließen. Alle Verbindungsstellen regelmäßig auf Undichtigkeiten überprüfen, indem man sie mit Seifenwasser bepinselt oder entsprechendem Spray besprüht (Blasenbildung).
- ❑ In der Nähe des Kochers und des Flaschenraumes sind Feuerlöscher griffbereit zu halten.

Gasflaschen-Einbau
1 Von den übrigen Räumen abgeschotteter Kasten
2 Sicherheitsdruckregler
3 Schottverschraubung
4 Sichere Halterung der Flasche
5 Abfluss über der Wasserlinie

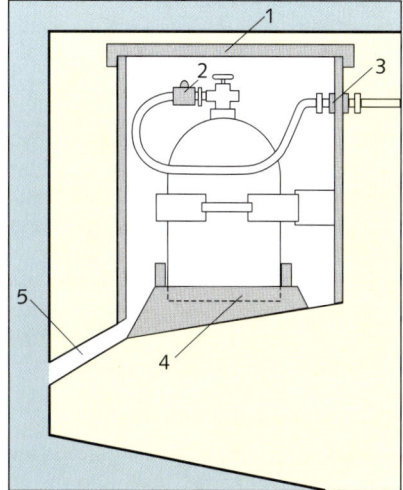

Die Bordbatterie

Von etwa 30 PS (22 kW) an aufwärts sind Außenbordmotoren mit einem E-Starter ausgerüstet. Demzufolge ist eine Starterbatterie erforderlich (Mindestkapazität 56 Ah). Auf größeren Booten ist es üblich, zwei Batterien zu verwenden. Eine dient der Stromversorgung von Beleuchtung und elektrischen Geräten, die andere ausschließlich als Starterbatterie.

❑ Der Ladezustand (die Säuredichte) muss etwa alle zwei bis drei Monate mit einem Säureprüfer kontrolliert werden. Eine neu geladene Batterie erreicht einen Wert von 1,28 kg/l. Ist er auf 1,17 kg/l abgesunken, muss sofort nachgeladen werden.

❑ Beim Aufladen den Batterieraum gut belüften, denn besonders in der letzten Ladephase können explosive Gase (Knallgas) entweichen.

❑ Der Flüssigkeitsstand (Elektrolytstand) muss ebenfalls alle zwei bis drei Monate überprüft werden. Ist die Flüssigkeit bis auf die Oberfläche der Bleiplatten abgesunken, muss destilliertes Wasser nachgefüllt werden.

Die neuen wartungsfreien und kippsicheren Batterien sind hermetisch abgeschlossen. Sie haben keine Stopfbuchsen zum Nachfüllen destillierten Wassers mehr. Das beim Laden entstehende Gas kondensiert an der Oberfläche des Akkus und fließt als Wasser wieder zurück. Der Ladezustand lässt sich allerdings nur schwer messen, da eine Prüfung der Batteriesäure entfällt.

❑ Pole und Polklemmen stets sauber halten und mit Vaseline einfetten.

❑ Die Batterie muss sicher gehalten sein, besonders auf schnellen Gleit-booten, die starken Schlägen ausgesetzt sind. Eine losgerissene Batterie kann erhebliche Schäden verursachen und sogar, wie ein Geschoss, die Bordwand durchschlagen.

Sicherheits-ausrüstung

Zu unterscheiden ist zwischen der Sicherheitsausrüstung fürs Boot und für die Menschen. Für jeden an Bord muss eine ohnmachtssichere Rettungsweste vorhanden sein. Ohnmachtssicher heißt, sie dreht einen Bewusstlosen in eine stabile Rückenlage und hält sein Gesicht über Wasser. Bewusstlosigkeit kann sehr schnell durch Unterkühlung eintreten.

Sicherheitsausrüstung für ein kleines Sportboot

Verbandskasten
Anker mit Ankergeschirr
Bootshaken
2 Stechpaddel
Schlepptrosse
Festmacheleinen
Rote Flagge
Wasserdichte und schwimmfähige Taschenlampe
Schöpfgefäß oder Lenzpumpe
2-kg-Feuerlöscher
Signalhorn
Reservekanister
Reservepropeller
Scherstifte (für den Propeller)
Ersatzzündkerzen, Kerzenschlüssel
Werkzeugkasten mit Ersatzteilen
Rettungswesten oder sichere Rettungskragen entsprechend der Anzahl der Bootsinsassen

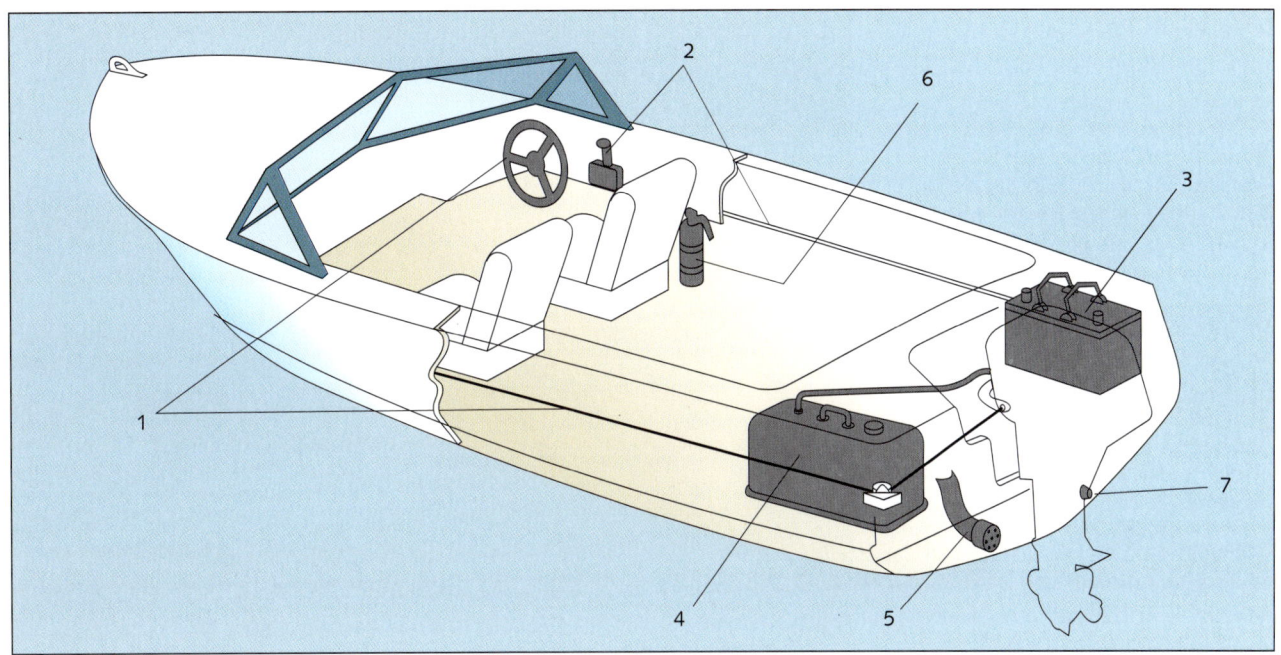

Sicherheits-Check für ein Außenborderboot

1 Sind die Steuerkabel mit den dazugehörigen Umlenkrollen noch einwandfrei? Hat das Lenkrad nicht zu viel Spiel?

2 Ist die Elektroinstallation der Fernschaltung in einwandfreiem Zustand? Keine beschädigten Kabel?

3 Sind Ladezustand und Flüssigkeitsstand der Batterie in Ordnung? Ist die Batterie sicher gehaltert?

4 Ist der Tank sicher gehaltert? Ist die Brennstoffleitung nirgends abgequetscht? Ist die Luftschraube offen?

5 (wenn vorhanden) Ist das Schmutzfilter am Ansaugstutzen der elektrischen Bilgepumpe sauber?

6 Ist der Feuerlöscher noch betriebsklar? (Wartung alle 2 Jahre)

7 (nach dem Starten) Kommt Kühlwasser aus dem Auslass?

Es gibt ohnmachtssichere Feststoffwesten und luftgefüllte Westen, die durch CO_2-Patronen aufgeblasen werden.

Der persönlichen Sicherheit an Bord dient rutschfestes Schuhzeug. Und wasserdichte Schutzbekleidung sollte man stets dabei haben. Eine frierende und durchnässte Crew wird zu einem Sicherheitsrisiko.

Verständlicherweise muss die Sicherheitsausrüstung fürs Boot umso umfangreicher sein, je größer das Boot ist. Sicherheit ist aber nicht nur eine Frage der Ausrüstung, sondern weitgehend auch des eigenen Verhaltens.

❑ Unerlässlich in einem kleinen Sportboot ist ein Beifahrergriff.

❑ In offenen Booten niemals während der Fahrt auf der Bordkante oder der Rückenlehne sitzen. In einer plötzlich gerissenen Kurve, bei einem unbeabsichtigten Zurückreißen des Gashebels, kann man auf die Windschutzscheibe oder rückwärts ins Cockpit geschleudert oder gar über Bord katapultiert werden.

❑ Beim An- und Ablegen und allen Manövern, bei denen mit kurzen Gasstößen gearbeitet werden muss, niemals ohne sicheren Halt im Boot oder an Deck stehen. Die Gefahr ist allzu groß, über Bord geschleudert zu werden. Solch fahrlässiges Verhalten verursacht die häufigsten Unfälle im Motorbootsport.

Auf **Rhein** und **Mosel** dürfen Sportboote, aus Sicherheitsgründen, bei unsichtigem Wetter nur dann fahren, wenn sie neben einer UKW-Sprechfunkanlage mit einem für die Binnenschifffahrt zugelassenen Radargerät ausgerüstet sind und sich jemand an Bord befindet, der das Radarpatent besitzt.

Brandschutz

Ein Brand an Bord eines Motorbootes ist niemals vollständig auszuschließen. Deshalb müssen Feuerlöscher einsatzklar an Bord jedes Bootes sein. Ihre Anzahl hängt nicht so sehr von der Größe des Bootes ab, sondern mehr von der Feuergefährlichkeit der an Bord installierten Anlagen. In einem Außenborderboot mag ein 2-kg-Löscher in Reichweite des Fahrers als ausreichend gelten. Auf größeren Booten hingegen sind mehrere Feuerlöscher auf die strategisch wichtigen Plätze zu verteilen. Keinesfalls jedoch dürfen handbetriebene Feuerlöscher im Motorraum installiert werden, weil man sie dort bei einem Brand zu spät oder gar nicht mehr erreicht.

❑ Alle Feuerlöscher müssen vor Korrosion geschützt und regelmäßig, mindestens alle zwei Jahre, fachgerecht gewartet werden.

Bei Motoranlagen von etwa 150 PS (110 kW) an aufwärts empfiehlt sich eine fest installierte CO_2-Feuerlöschanlage im Motorraum.

Feuerlöscher

CO_2-Löscher sind nur in einem frühen Stadium der Entstehung eines Brandes wirksam. CO_2 greift in die chemische Reaktion des Verbrennungsprozesses ein und unterbricht sie. Es löscht weitgehend rückstandsfrei und dringt als Gas selbst zu verdeckten Brandherden vor, ist aber lediglich auf die Brandklasse B beschränkt.

Der **Glutbrandpulverlöscher** ist ein Allzwecklöscher für alle vier Brandklassen.

Sein **Nachteil:** Das Feuer wird nur erstickt, das abgelöschte Material aber

geeignet	**A** Brände fester Stoffe, hauptsächlich organischer Natur, die normalerweise unter Glutbildung verbrennen, z. B. Holz, Papier, Stroh, Kohle, Textilien, Gummi	**B** Brände von flüssigen oder flüssig werdenden Stoffen z. B. Benzin, Öle, Fette, Lacke, Harze, Wachse, Teer, Äther, Alkohol, Kunststoffe	**C** Brände von Gasen, z. B. Methan, Propan, Wasserstoff, Acethylen, Stadtgas	**D** Brände von Metallen, z. B. Lithium, Natrium, Kalium, Aluminium und deren Legierungen, Magnesium
Amtliche Brandklasseneinteilung				
Glutbrandpulverlöscher	▨	▨	▨	▨
CO_2-Löscher		▨		
Schaumlöscher	▨	▨		
Nasslöscher	▨			

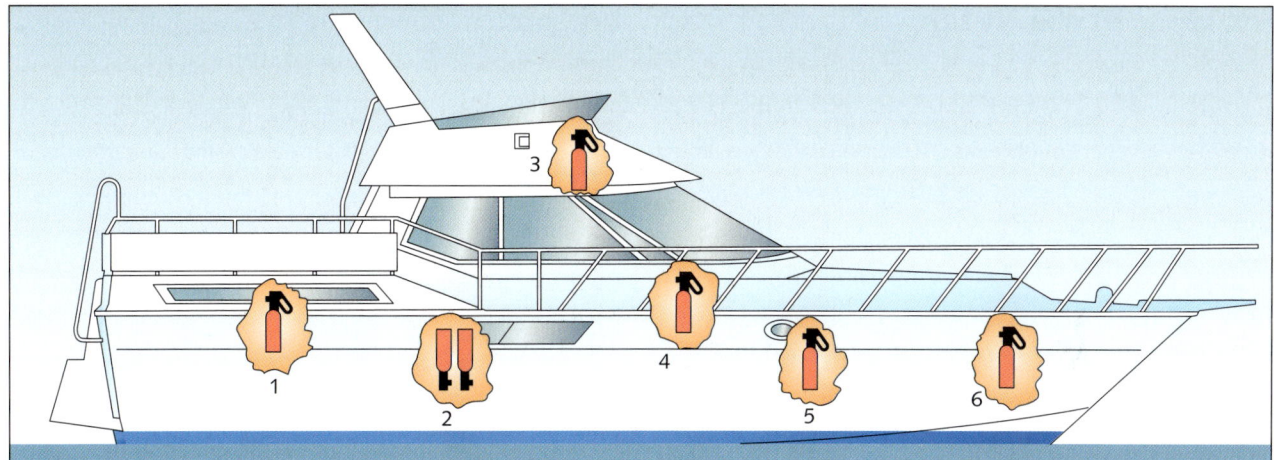

nicht abgekühlt. Es gast weiter. Deshalb muss sofort mit Wasser nachgelöscht werden.

Nasslöscher sind nur für Brände der Klasse A geeignet. Hier sind sie dem Pulverlöscher überlegen. Der gleiche Effekt aber lässt sich meistens genauso gut mit ein paar Pützen des reichlich vorhandenen Wassers erzielen.

Schaumlöscher, geeignet für die Brandklassen A und B, sind auf Booten ungebräuchlich. Sie hinterlassen gravierende Verunreinigungen.

Feuerbekämpfung

Kleinere Brände, etwa in der Pantry, lassen sich wohl am schnellsten mit einer Löschdecke aus feuerfester Folie ersticken, die es in verschiedenen Größen gibt.

❑ Vergaserbrände geht man ebenfalls am besten mit einer Löschdecke an oder man packt eine nasse Decke um den Vergaser.

Falsch ist, was bei der Prüfung als Antwort verlangt wird: Brennstoffzufuhr unterbrechen und mit Vollgas Vergaser

Strategisch wichtige Punkte,
an die je nach Größe der Yacht
ein Feuerlöscher gehört

1 Ein 2-kg-Löscher in der Achterkajüte, ein zweiter im Waschraum, wenn dort ein Gas-Durchlauferhitzer installiert ist.

2 Im Motorraum fest eingebaute CO_2-Löschanlage, eventuell im Tankraum eine zweite.

3 Ein 2-kg-Löscher am Fahrstand auf der Flybridge.

4 Ein 6-kg-Löscher im Salon am Fahrstand.

5 Ein 6-kg-Löscher für die Pantry und Hauptkajüte.

6 Ein 2-kg-Löscher in der Vorschiffskabine (alles Pulverlöscher).

und Leitungen leerfahren. Das dauert viel zu lange.

❑ Vor oder bei Beginn der Brandbekämpfung unbedingt das Boot stoppen, denn Fahrtwind und Motor fördern, über die Ventilation, große Mengen Luft ins Boot und können alle Löschbemühungen vereiteln.

❑ Bei Kabelbränden mit dem Hauptschalter die Batterie vom Bordnetz trennen. Nach dem Ablöschen prü-

fen, in welchem Sicherungskreis es gebrannt hat, ihn separat stilllegen und den Hauptschalter wieder einschalten.

❑ Mit dem Löscher so dicht wie möglich an den Brandherd herangehen und den Strahl nicht in die Flammen, sondern auf die glühenden Teile richten. Den Brandherd, wenn möglich, kriechend angehen, denn unten sind keine Flammen, ist weniger Rauch, und entsprechend sind Sicht und Atemluft dort noch am besten.

❑ Beim Löschen mit dem Handlöscher im Maschinenraum den Lukendeckel oder Motorkasten nur so viel anheben, dass man mit dem Löscher gerade hineinhalten kann. Beim Öffnen den Kopf so weit wie möglich wegwenden, damit einem die Flamme nicht ins Gesicht schießt.

❑ Schaumstoffpolster müssen nach dem Ablöschen sofort über Bord geworfen werden, weil sie weiterschwelen. Glasharz-Brände sind nur im frühen Anfangsstadium mit dem Feuerlöscher zu bekämpfen. Wenn das Harz erst weich zu werden beginnt, können allenfalls noch große Mengen Wasser helfen.

Motorüberwachung

Vor dem Starten	Motorraumgebläse laufen lassen oder Luk auf – Ölstand in Motor und Getriebe kontrollieren – Seeventil für Kühlwassereintritt öffnen – Tankabsperrhahn öffnen
Nach dem Anlassen	Den kalten Motor nicht auf hohe Drehzahl hochfahren – Kontrollleuchten für Ladestrom und Öldruck beobachten, erlischt eine nicht, Motor abstellen und Ursache feststellen – Kontrollieren, ob Motor seine Leerlaufdrehzahl einhält und normale Betriebstemperatur erreicht hat – Kühlwasseraustritt kontrollieren
Nach der Fahrt	Getriebe auf Leerlauf – Kraftstoff- (außer Diesel) und Kühlwasserhähne schließen – Gegebenenfalls Fettpresse der Stopfbuchse nachdrehen – Batteriehauptschalter aus

Motorstörungen

Bootsmotoren sind weitaus störanfälliger als Automotoren. Eine Störung kann je nach Motorart – Außenborder, Benzin-Einbaumaschine, Diesel – sehr unterschiedliche Ursachen haben. Deshalb können hier nur ein paar allgemeine Hinweise gegeben werden. Auf jeden Fall ist bei einer Störungssuche genau nach der Betriebsanleitung vorzugehen.

Störung	Mögliche Ursache
Anlasser dreht Motor nicht durch	Batterie zu schwach, Batteriekabel locker oder korrodiert, Anlasser gebrochen oder festgefressen, Anlasser schadhaft
Anlasser läuft durch, Motor springt nicht an	Zündschalter steht auf »Aus«, Batterie zu schwach, kein Kraftstoff, Zündsystem feucht, Kerzen trocknen, Schmutz oder Wasser in der Kraftstoffleitung
Motor stirbt ab beim Einlegen des Ganges	Fremdkörper, Plastiktüten oder Angelschnur im Propeller – Das Getriebe blockiert wegen fehlender Schmierung (passiert wenn man geschleppt wird und die Propellerwelle lange mitdreht und keine separate Ölversorgung hat) oder wegen verbogener Teile

Störung	Mögliche Ursache
Motor bleibt stehen	Kein Kraftstoff, Kraftstoffleitung defekt, Zündkabel von der Zündkerze gelöst, Kraftstoffpumpe ausgefallen
Außenborder stottert und bleibt stehen	Entlüftungsschraube am Tank nicht geöffnet
Die Drehzahl steigt, die Geschwindigkeit nimmt ab	Die Kraftübertragung zwischen Motor und Propeller ist unterbrochen: Getriebe- oder Wellenschaden, Scherstift am Propeller ist gebrochen, Rutschkupplung defekt, Propeller verloren
Motor läuft normal, die Geschwindigkeit nimmt ab nach Kollision mit Treibgut	Der Propeller ist stark verbogen oder beschädigt
Drehzahl und Geschwindigkeit nehmen etwas ab	Der Propeller hat sich Angelschnur, Plastikfolie oder Ähnliches eingefangen
Fehlzündung	Zu fettes oder falsches Kraftstoffgemisch, Ventile verbrannt oder festgefressen, verschmutzte Zündkerzen
Überhitzung des Motors	Schlechte Schmierung der Wasserpumpe, Kühlsystem undicht oder verschmutzt, zu wenig Motoröl, zu heiße Kerzen, falsche Zündzeitpunkteinstellung, Kühlwasseransaugsystem verstopft
Motor vibriert stark	Motorbefestigungen sind locker, Aushängungslagerung ausgeschlagen
Niedriger Öldruck	Motor hat zu wenig Öl, Ölpumpe defekt, Ölkühler oder Pumpenfilter verstopft, falsche Ölqualität
Schwache Kompression	Ventile haben sich festgefressen, Kolbenringe sind abgenutzt, Zylinderkopfdichtung undicht
Lichtmaschine ladet nicht	Antriebsriemen gerissen, Regler defekt, Anschlüsse lose oder korrodiert, Sicherung durchgebrannt

Fahren mit dem Motorboot

Ablegen

Das Ablegen ist völlig problemlos, wenn weder Wind weht noch Strom steht und vorn und hinten genügend Raum zum Manövrieren ist: Starten, den Motor kurz warm laufen lassen, die Leinen loswerfen, einkuppeln und das Boot, je nach der Situation, mit Voraus- oder Achterausfahrt vom Steg weg- oder aus der Stegbox herausziehen. So ideal aber sind die Verhältnisse meistens nicht. Je höher die Aufbauten, umso windanfälliger wird eine flachgehende Motoryacht und umso schwieriger wird das Ablegemanöver. Ähnliche Schwierigkeiten wie der Wind verursacht Strom.

Die hier gezeigten Ablegemanöver werden mit Steuerpropellern (Außenborder- oder Z-Antrieben) gefahren. Da bei diesen Antrieben der Radeffekt des Propellers durch die Trimmflosse weitgehend oder gänzlich neutralisiert ist, spielt der Drehsinn des Propellers kaum eine Rolle. Mit welcher Motordrehzahl das jeweilige Boot solche Manöver am besten absolviert, muss vorher ausprobiert werden. Steuerpropeller verlangen etwas Fingerspitzengefühl.

Ablegen vom Steg – Wind schräg von vorne

1 *Achterleine los, Vorleine auf Slip, Fender noch draußen lassen. Den Antrieb zum freien Wasser hin einschlagen. Rückwärtsgang einkuppeln. Vorleine los.*

2 *Das Boot zieht achteraus vom Steg weg, bis es etwa die Position...*

3 *... erreicht. Maschine stopp. Antrieb weiterhin eingeschlagen lassen. Maschine voraus und auf Kurs gehen.*

Bei ablandigem Wind ist das Manöver erheblich einfacher. Das Vor- oder Achterschiff – je nachdem ob der Wind mehr von

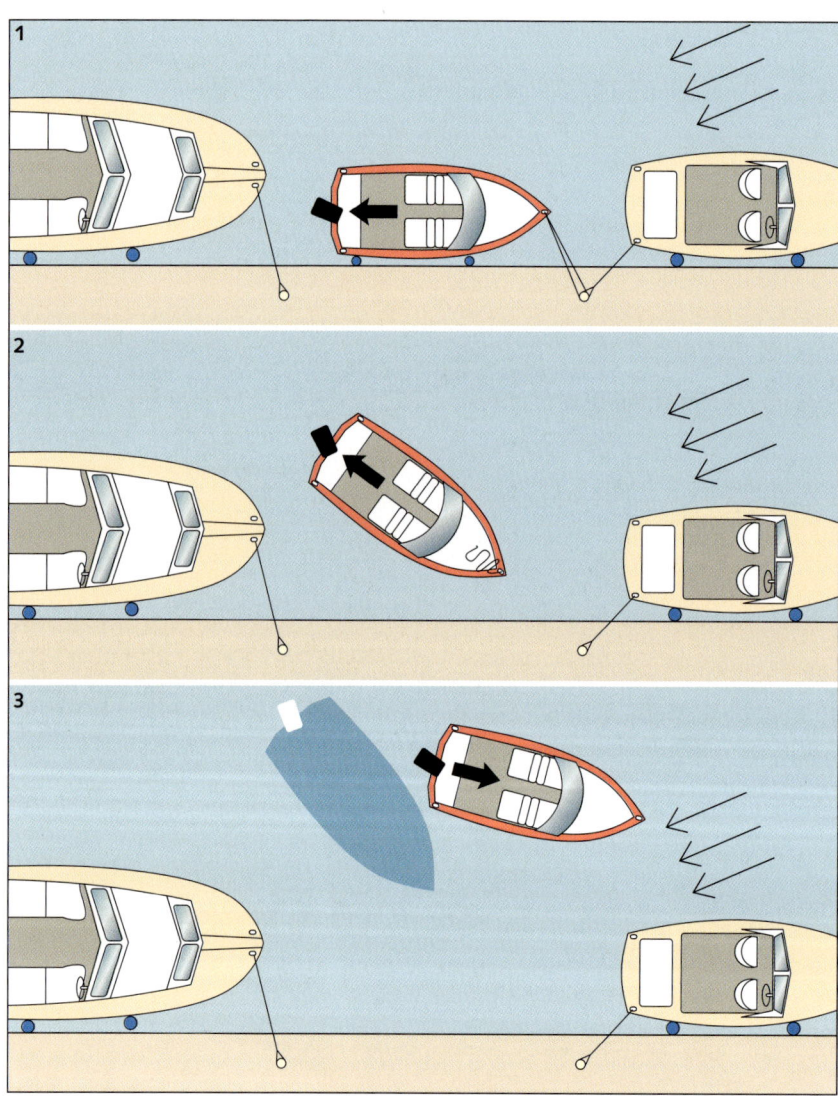

vorne oder von hinten kommt – mit dem Bootshaken oder den Beinen kräftig absetzen. Absetzen mit den Händen ist gefährlich, weil dabei der Körperschwerpunkt außenbords kommt. Wenn Bug oder Heck etwa 15° bis 20° vom Steg abgeschoren sind, Antrieb mittschiffs und mit langsamer Fahrt voraus, beziehungsweise achteraus das Boot vom

Steg wegziehen. Würde man sofort den Antrieb einschlagen, könnten Bug oder Heck leicht mit dem Steg kollidieren.

> *Merke: Mit Steuerpropellern bei Richtungsänderungen erst Ruder legen, dann einkuppeln und Gas geben.*

Ablegen vom Steg – Wind schräg von hinten

1 *Vorleine los, aber die vordere Spring belegt lassen. Am Bug solide Fender ausbringen.*
2 *Antrieb zum Steg hin einschlagen und mit der Maschine langsam voraus gehen. Gegebenenfalls die Spring etwas fieren, damit sie genügend Spiel hat, sodass sich der Bug am Steg herumziehen kann.*
3 *Liegt das Boot mit dem Heck ungefähr im Wind, Maschine stopp. Antrieb mittschiffs. Die Spring loswerfen und...*
4 *Fahrt achteraus aufnehmen. Die weiteren Manöver hängen von dem zur Verfügung stehenden Raum und der Lage des Steges zum freien Wasser ab. Entweder das Boot weiter achteraus ziehen oder aber nach Steuerbord oder Backbord mit Fahrt voraus ablaufen und auf Kurs gehen.*

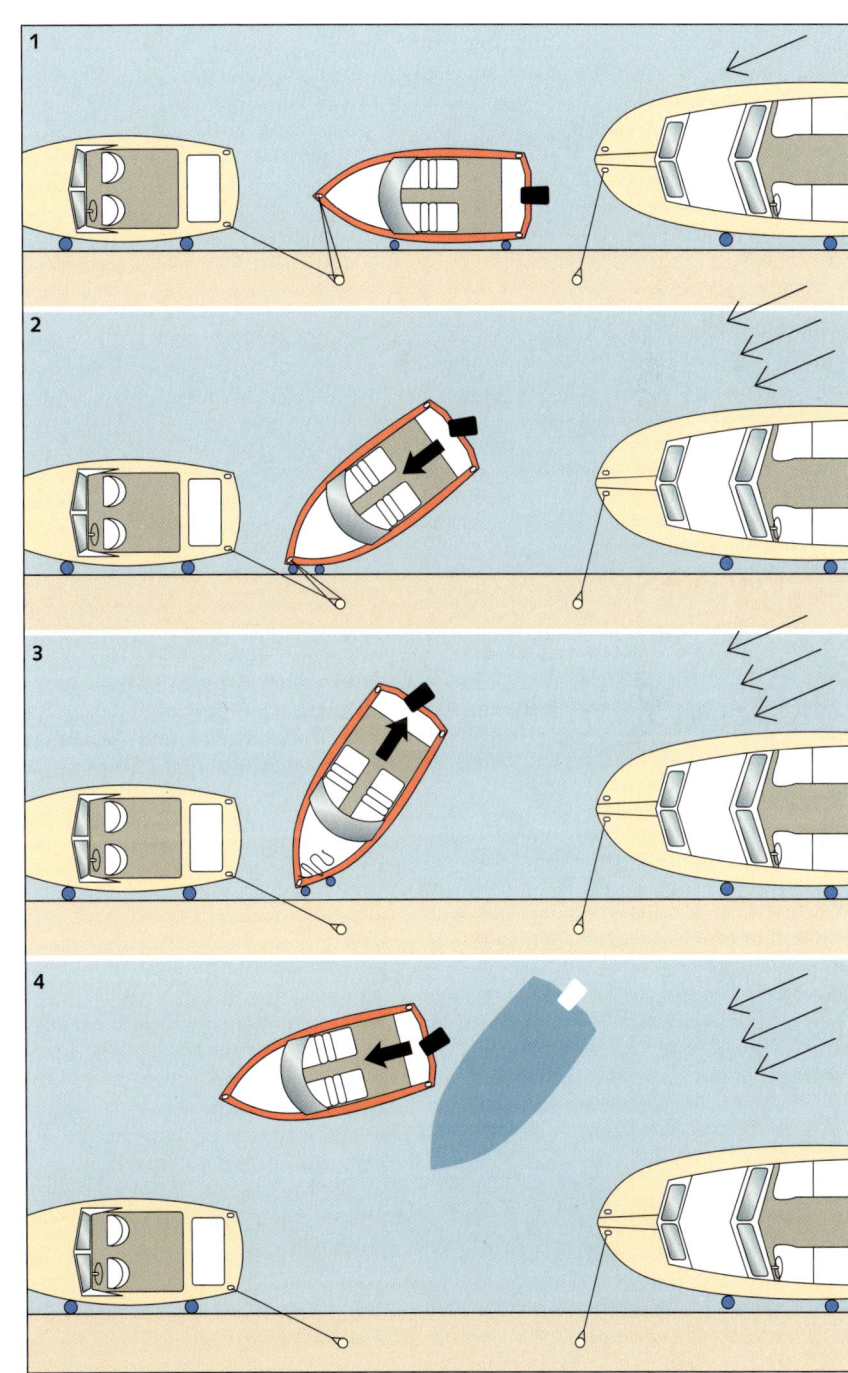

Boote mit starrer Welle und Ruder reagieren etwas anders, können aber den Radeffekt für ihre Manöver wirkungsvoll nutzen. Sie haben eine ausgesprochene »Schokoladenseite«. Es ist die Backbordseite bei rechtsgängigen Propellern.

Ablegen von der Boje

Beim Ablegen von einer Boje das Boot mit ausgekuppeltem Propeller – die Vorleine auf Slip – so weit achteraus sacken lassen, dass man sicher sein kann, vom Bojengeschirr klar zu sein. Erst dann die Leine loswerfen, den Propeller einkuppeln und auf Kurs gehen.

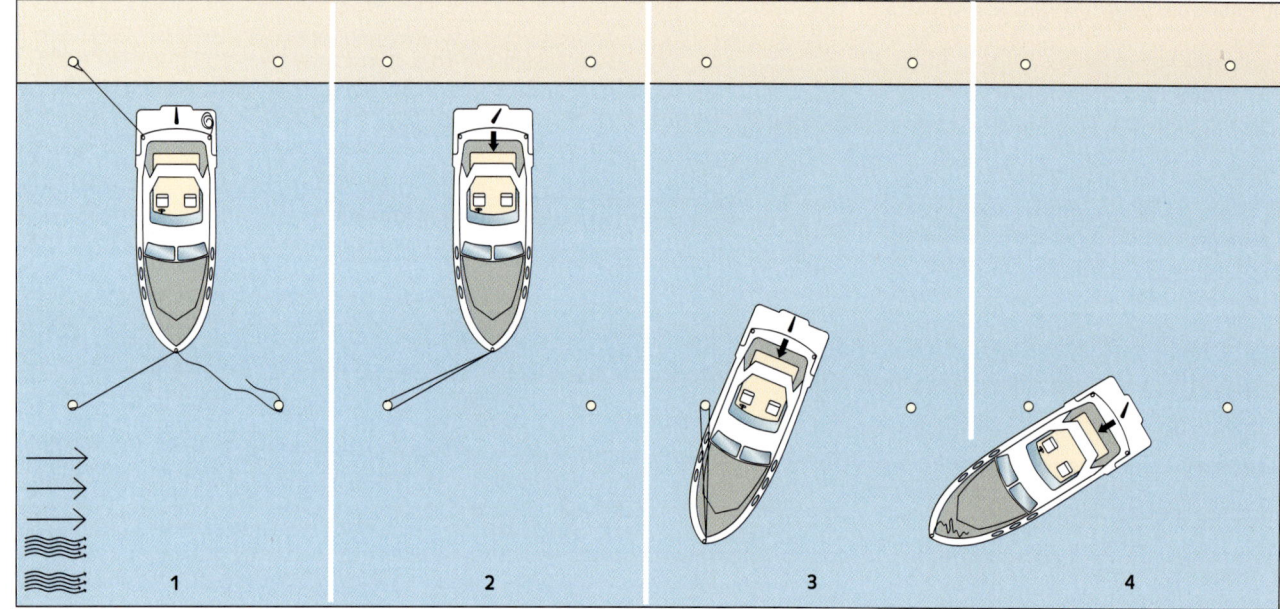

Bootsliegeplätze sind knapp. Das verständliche Bemühen aller Hafenbetreiber ist es, so viele Boote wie irgend möglich unterzubringen. Das führte zunehmend zur Einrichtung so genannter Stegboxen mit jeweils zwei Pfählen zum Festmachen von Vor- beziehungsweise Achterschiff. Oft ist die Gasse zwischen den Pfahlreihen recht schmal, und man hat wenig Spielraum zum Manövrieren. Deshalb ist das Ein- und Auslaufen in die Box für einen noch nicht so versierten Fahrer manchmal schon etwas nervig. Besonders mit einem Boot mit starrer Welle, bei dem der Radeffekt berücksichtigt werden muss und bei Seitenwind. Er hat die unangenehme Eigenschaft, das Boot gegen die Pfähle zu drücken und querzustellen. Ein sicheres Manöver kann man dann nur mit Leinenhilfe fahren.

Verlassen einer Stegbox – Wind oder Strom seitlich

1 *Den Motor starten, die Achterleine in Lee loswerfen. Die Leinen in Luv fieren und das Boot an den Lee-Pfahl holen oder treiben lassen. Lee-Vorleine los. Das Boot an den beiden Luv-Leinen nach Luv rüberholen und die Vorleine auf Slip belegen.*

2 *Die Achterleine los und schnell einholen, damit sie nicht in den Propeller kommt. Den Antrieb leicht nach Lee einschlagen, um dem Wind- oder Stromdruck auf das Achterschiff entgegenzuhalten. Langsame Fahrt voraus. Die Vorleine steif halten und nur so weit fieren, wie es für die Vorausbewegung des Bootes erforderlich ist. Nicht den Bug nach Lee abscheren lassen.*

3 *Die Vorleine ist auf etwa ²/₃ der Bootslänge gefiert, das Heck frei vom Lee-Pfahl. Maschine stopp.*

4 *Antrieb zum Drehpfahl hin einschlagen und langsame Fahrt voraus. Vorleine loswerfen und schnell einholen, damit sie nicht in den Propeller gerät. Auf Kurs gehen.*

Dieses an einer Leine kontrollierte Ausscheren aus einer schmalen Stegbox ist auch mit großen Yachten bei allen Wind- und Stromverhältnissen möglich und sicher. Bei Booten mit starrer Welle ist noch der Radeffekt einzukalkulieren. Er erfordert beim Verholen zum Drehpfahl entweder gar keinen oder einen stärkeren Rudereinschlag, je nachdem, welches die Luvseite ist.

Wenden auf engem Raum

Dieses Manöver muss man unbedingt mit einem Boot mit starrer Welle beherrschen. Es ist stets nach der Seite einzuleiten, nach der der Propeller dreht. Also bei einem rechtsgängigen nach Steuerbord, weil der Propeller achteraus dann entgegen der Propellerrichtung dreht und so den größten Radeffekt bewirkt. Der aber ermöglicht überhaupt erst ein Wendemanöver auf einem Raum, der enger ist als der Drehkreisdurchmesser des Bootes bei Vorausfahrt.

Zwei grundsätzliche Verhaltensweisen offenbart dieses Wendemanöver, die für alle anderen Manöver einkalkuliert und richtig genutzt werden müssen:

❏ Auf kräftiges, kurzes Vorausgehen bei Ruderlage reagiert das Boot un- mittelbar mit einer Drehung, entsprechend der Ruderlage. Es nimmt aber kaum Fahrt auf.

❏ Kräftiges, kurzes Achterausgehen bewirkt einen starken Heckausschlag in Drehrichtung des Propellers (Radeffekt), während das Ruder überhaupt keine Wirkung zeigt. Das Boot kommt dabei zunächst zum Stillstand und nimmt danach keine nennenswerte Achterausfahrt auf.

Grundsätzlich gilt: Bei Fahrt achteraus ist die Ruderwirkung bei geringem Rudereinschlag besser als bei starkem Einschlag.

Zweimaschinen-Yachten werden auf engem Raum durch Vorausgehen mit dem einen und Achterausgehen mit dem anderen Motor gewendet. Das Ruder bleibt in Mittschiffslage. Mit geschickt dosierter unterschiedlicher Drehzahl auf den Motoren lässt sich das Boot auf der Stelle drehen. Die rückwärts gehende Maschine hat jeweils die größere Drehwirkung.

1 Mit einem rechtsgängigen Propeller Anlauf auf der linken Seite mit langsamer Fahrt. Hart Steuerbord-Ruder. Das Boot dreht in Position ...

2 ... Voll zurück, bis die Fahrt aus dem Boot ist und es achteraus zu gehen beginnt. Das Ruder bleibt auf Steuerbord liegen. Es hätte jetzt ohnehin keine Wirkung. Das Boot dreht allein durch den Radeffekt des rückwärts gehenden Propellers etwa in Position ...

3 ... Stopp. Voll voraus, um die Achterausfahrt abzubremsen, bis das Boot etwa Position ...

4 ... erreicht hat. Voll zurück. Das Ruder bleibt weiter in Steuerbordlage. Der Radeffekt des rückwärtsgehenden Propellers drückt das Heck etwa in Position ...

5 ... Stopp. Mit ¹/₂ Gas voraus. Ruder mittschiffs und auf Kurs gehen.

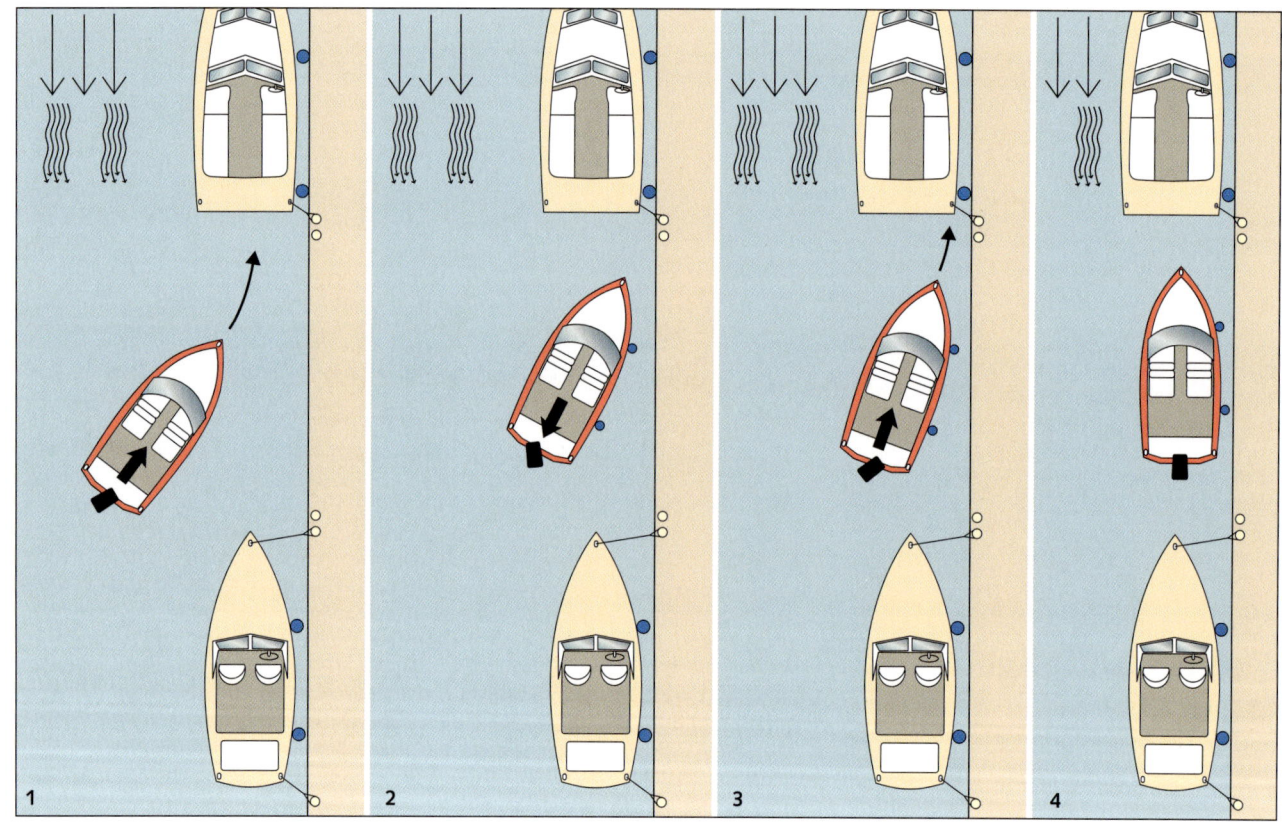

Anlegen

Motorboote haben keine Bremsen. Die Fahrt aufgestoppt werden kann nur durch einen kurzen Gasstoß achteraus (beziehungsweise voraus). Grundsätzlich sollte, wenn irgend möglich, stets gegen den Strom oder Wind angelegt werden. Wenn beide aus entgegengesetzten Richtungen kommen, gegen den, der den stärksten Einfluss auf das Boot hat. Strom (Wind) von vorne stoppt das Boot auf natürliche Weise ab,

während Strom (Wind) von hinten beim Anlegen unerwünschten Schub voraus erzeugt. Starker seitlicher Wind kann es unmöglich machen, längsseits an einen Steg heranzugehen.

Beim Anlegen kann sich unter Umständen der Radeffekt des Propellers recht günstig auswirken. Beim längsseits Anlegen mit rechtsgängigem Propeller ist Backbord die Schokoladenseite. Legt man zum Abstoppen der Fahrt den

Anlegen längsseits gegen Strom und Wind

1 *In so spitzem Winkel wie möglich bis auf eine knappe halbe Bootslänge den Liegeplatz anlaufen. Abdrehen.*
2 *Antrieb zum Steg einschlagen. Rückwärtsgang einlegen. Das Boot wird zunächst abgestoppt und beginnt dann mit dem Heck achteraus in Richtung Steg zu ziehen.*
3 *Maschine stopp. Antrieb entgegengesetzt einschlagen. Maschine voraus. Das Heck schwingt zum Steg, das Boot nimmt Fahrt voraus auf.*
4 *Antrieb mittschiffs. Maschine stopp. Wird das Boot nicht sofort von Strom oder Wind aufgestoppt, einen leichten Pull rückwärts, und stehen.*

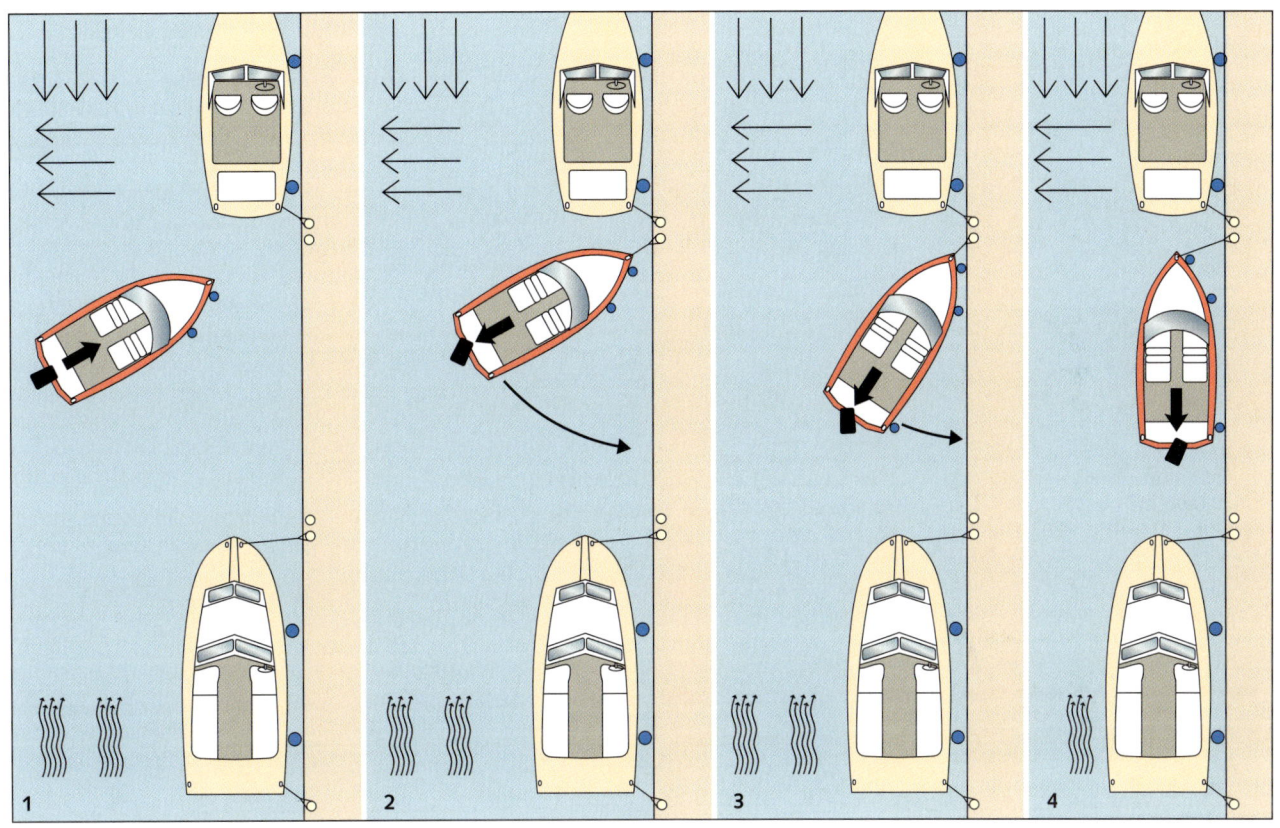

Anlegen längsseits nicht möglich

Entweder steht Wind gegen Strom parallel zum Steg oder es bläst ein kräftiger Wind vom Steg her.

1 *Im steilen Winkel den Steg anlaufen. Am Bug kräftige Fender ausbringen. Maschine stopp oder kurz zurück. Vorleine an Land.*

2 *Antrieb zum Steg einschlagen, Maschine langsam zurück.*

3 *Das Heck wird zum Steg gezogen, das Abscheren des Bugs durch die Vorleine verhindert. Die Leine nur so weit fieren, dass der Bug drehen kann.*

4 *Liegt das Boot annähernd parallel zum Steg, kurz Gegenruder geben, um die Drehbewegung aufzufangen. Maschine stopp. Achterleine festmachen.*

Rückwärtsgang ein, holt der Radeffekt das Heck fast automatisch an den Steg heran. Auch bei Z-Antrieben kann manchmal ein Radeffekt auftreten, wenn auch niemals so ausgeprägt wie bei einer starren Welle.

❑ Alle Manöver grundsätzlich nur mit so viel Gas fahren, wie erforderlich ist, um manövrierfähig zu sein.

❑ Leinenmanöver niemals aus der Hand fahren, sondern stets einen Törn um eine Klampe oder einen Poller nehmen.

Anlegen an der Boje

Aufpassen, dass man nicht das Bojengeschirr überfährt und in den Propeller bekommt. Deshalb eine Boje stets von Lee anlaufen.

❑ In stehenden Gewässern gegen den Wind an die Boje herangehen, da sie in Windrichtung liegt.

❑ In strömenden Gewässern gegen den Strom an die Boje herangehen, weil er ihre Lage bestimmt und nicht der Wind. Es sei denn, der Strom ist nur schwach und dagegen steht ein starker Wind.

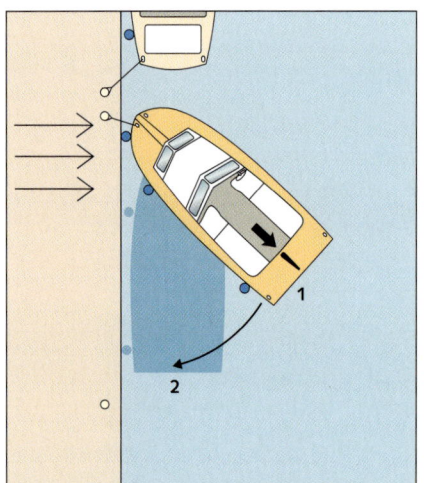

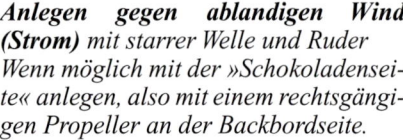

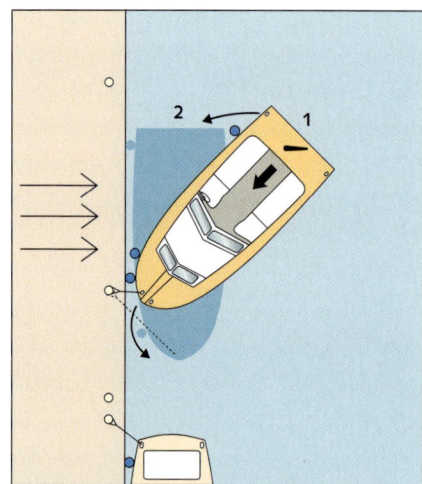

***Anlegen gegen ablandigen Wind
(Strom)*** *mit der ungünstigen Seite*
1 *Im Winkel von etwa 45° anlaufen,
Vorschiff gut abfendern, Vorleine an
Land. Ruder zum Wasser, langsame
Fahrt voraus.*
2 *Das Heck wird durch die zur Vorspring werdende Vorleine an den
Steg geholt.*
*Würde man in diesem Fall mit der Ma-
schine zurückgehen, würde das Heck
durch den Radeffekt vom Steg wegge-
zogen. Das Ruder bliebe ohne Wirkung.
Hier wird der Unterschied zwischen
einem Steuerpropeller und einer starren Welle mit Ruderblatt besonders
deutlich.*

***Anlegen gegen ablandigen Wind
(Strom)*** *mit starrer Welle und Ruder*
*Wenn möglich mit der »Schokoladensei-
te« anlegen, also mit einem rechtsgängi-
gen Propeller an der Backbordseite.*
1 *Im Winkel von etwa 45° anlaufen. Das
Vorschiff gut abfendern. Vorleine an
Land. Ruder mittschiffs – es hat keine
Wirkung – und mit der Maschine voll
zurück gehen.*
2 *Der Radeffekt holt das Heck an den
Steg.*

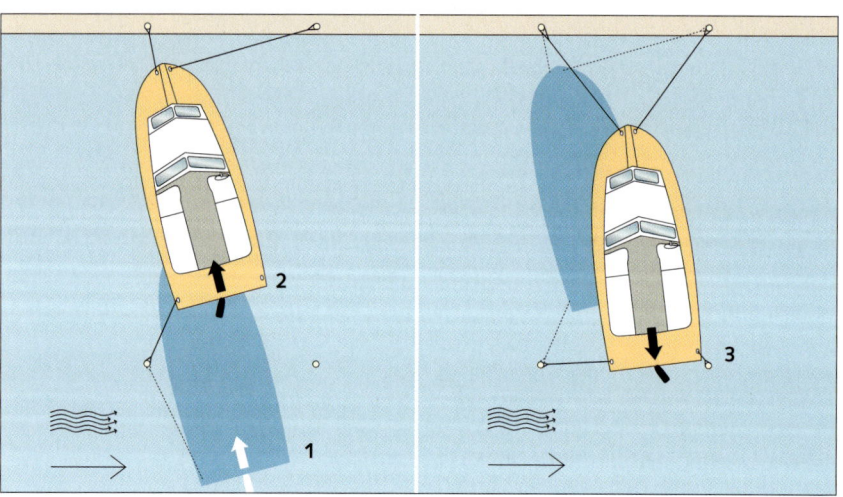

***Einlaufen in eine Stegbox bei seit-
lichem Strom (Wind)*** *mit Z-Antrieb*
1 *In spitzem Winkel den Luv-Pfahl anlaufen, Antrieb leicht nach Luv einschlagen und eine Achterspring ausbringen. Fahrt voraus. Die Spring entsprechend dichtholen, damit das Heck
nicht ausscheren kann.*
2 *Mit Luv-Ruder den seitlichen Strom
oder Winddruck aufs Achterschiff aus-
gleichen. Maschine stopp. Zunächst
die Luv-Vorleine an Land festmachen.*

*Dann die Lee-Leine ausbringen. Bei-
de Vorleinen auf Slip setzen, sodass
sie von Bord aus gefiert werden können.*
3 *Antrieb zum Lee-Pfahl, mit der Maschine achteraus gehen und das Heck
zum Lee-Pfahl ziehen. Maschine
stopp. Lee-Achterleine ausbringen.
Vor- und Achterleinen von Hand
regulieren, bis das Boot richtig in
seiner Box liegt. Maschine aus.*

Mann über Bord

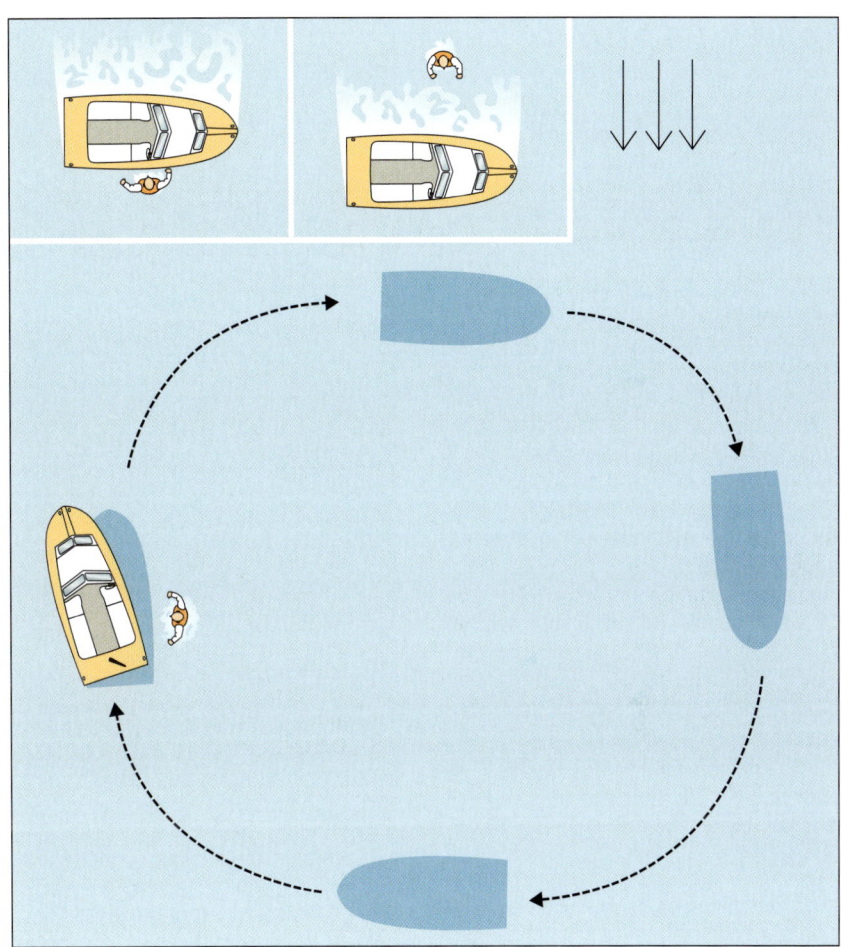

Fällt jemand an Steuerbord ins Wasser, sofort das Ruder nach Steuerbord legen, um ihn frei vom Propeller zu halten. Beim Sturz über Backbord das Ruder entsprechend nach Backbord legen. So wird es in der Führerscheinprüfung abgefragt. Das ist jedoch reine Theorie. Es mag vielleicht für den Fall gelten, dass auf großen langsamen Motoryachten jemand vom Vorschiff fällt. Doch normalerweise hält sich dort niemand während der Fahrt auf. Wenn hingegen auf Sportbooten oder Daycruisern jemand über Bord fällt, geschieht das hinten aus dem Cockpit. Und bevor selbst der reaktionsschnellste Fahrer Ruder legen kann, ist der gefährliche Propeller längst einige Meter an dem Schwimmer vorbei.

Der Ruf »Mann über Bord!« informiert alle Mitfahrer über den Notfall. Auf einem großen, schwerfällig manövrierenden Boot sofort einen Rettungsring hinterher werfen. Auf einem leichten Boot erübrigt sich diese Maßnahme, da der Drehkreisdurchmesser nur wenige Bootslängen beträgt und das Manöver nur Sekunden dauert. Man läuft mit Fahrt voraus im Bogen zurück.

❏ Niemals achteraus laufen. Die Verletzungsgefahr des Schwimmers durch den Propeller wäre viel zu groß.

Das Boot gegen Strom oder Wind neben dem über Bord Gefallenen zum Stehen bringen. Den Propeller auskuppeln und die Zündung aus.

❏ Es genügt nicht, nur den Propeller auszukuppeln. Beim Bergen kann allzu leicht jemand an die Schaltung kommen oder etwas dahinter haken und einkuppeln. Der Propeller aber ist ein grauenvoller Fleischwolf.

Bei einer Freibordhöhe von mehr als etwa 80 Zentimeter ist es nicht mehr möglich, jemanden ohne besondere Hilfsmittel wieder an Bord zu bekommen. Diese Tatsache verdeutlicht, wie außerordentlich wichtig es ist, auch bereits relativ kleine Sportboote mit einer Bade-(Rettungs-)Leiter und einer Heckplattform auszurüsten. Sie schützt zudem auch noch den Z-Antrieb.

Niemals das Boot in Luv neben dem Schwimmer zum Stehen bringen. Er könnte von dem schnell treibenden Boot unter den Boden gedrückt werden und in eine ziemlich gefährliche Lage geraten.

Wird das Boot in Lee zum Stehen gebracht, treibt es womöglich schneller ab, als man den über Bord Gefallenen auffischen kann. Dann muss ein neuer Drehkreis gefahren werden.

Fahren im Strom

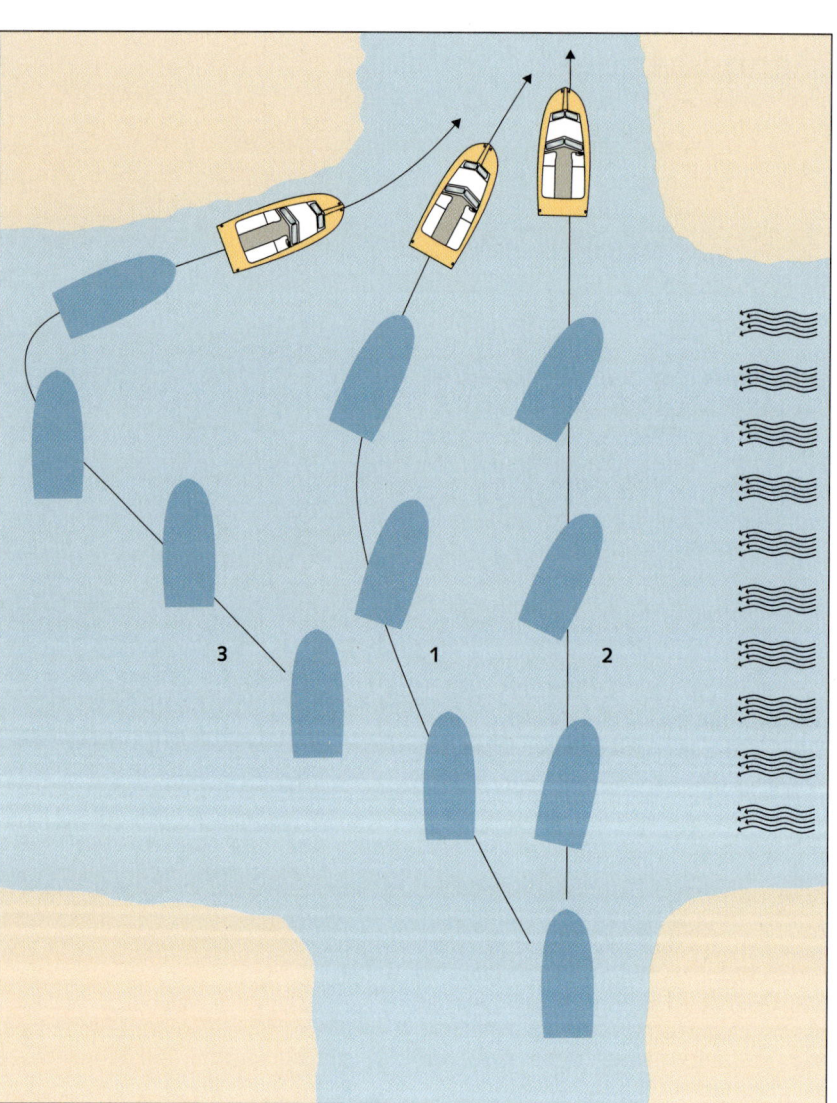

Auf Flüssen und anderen strömenden Gewässern wird das Fahrverhalten mehr oder minder stark vom Strom beeinflusst. In Fahrtrichtung mitlaufender Strom erhöht die Fahrt des Bootes. Gegenanlaufender Strom reduziert sie entsprechend. Je langsamer das Boot, umso mehr macht sich der Einfluss des Stromes bemerkbar. Er ist bei allen Stopp- und Anlegemanövern stets mit einzukalkulieren.

Dazu ein Trick für die Manöverpraxis: Man stelle sich vor, der feste Punkt am Ufer sei ein Fahrzeug, das sich mit Stromgeschwindigkeit nähert beziehungsweise entfernt. Richtet man seine eigene Geschwindigkeit darauf ein, wird es kaum passieren, dass man an seinem Ziel mit zu viel Fahrt vorüberschießt oder dass es einem »davon schwimmt«.

Mit- oder gegenanlaufender Strom versetzt das Boot nicht aus seinem Kurs. Das geschieht erst, wenn Stromrichtung und Kurs einen Winkel bilden. Bei quer setzendem Strom ist die Stromversetzung (seitliche Abdrift) am größten. Ferner ist sie abhängig von der Stärke (Geschwindigkeit) des Stromes. Richtet man also bei einem stärker quer setzenden Strom den Bug genau aufs Ziel, läuft man in Wahrheit einen bogenförmigen Kurs, eine so genannte Hundekurve. Deshalb wird empfohlen und gelehrt, mit dem Bug stromauf einen Vorhaltewinkel zu steuern. Das heißt, den Bug auf einen Punkt in Stromluv des Ziels halten. Je stärker der Strom, umso weiter muss vorgehalten werden. Das ist

Queren eines Stromes
Beim Kreuzen eines strömenden Gewässers führt der direkte Kurs zur so genannten Hundekurve (1). Um sie zu vermeiden, muss, je nach Stärke der Strömung, mehr oder weniger nach Stromluv vorgehalten werden (2). Das erfordert Motorleistung. Lässt man sich getrost versetzen und läuft im lang- *sam fließenden Wasser in Ufernähe zurück, fährt man entschieden sparsamer. Trotz des kleinen Umweges (3).*

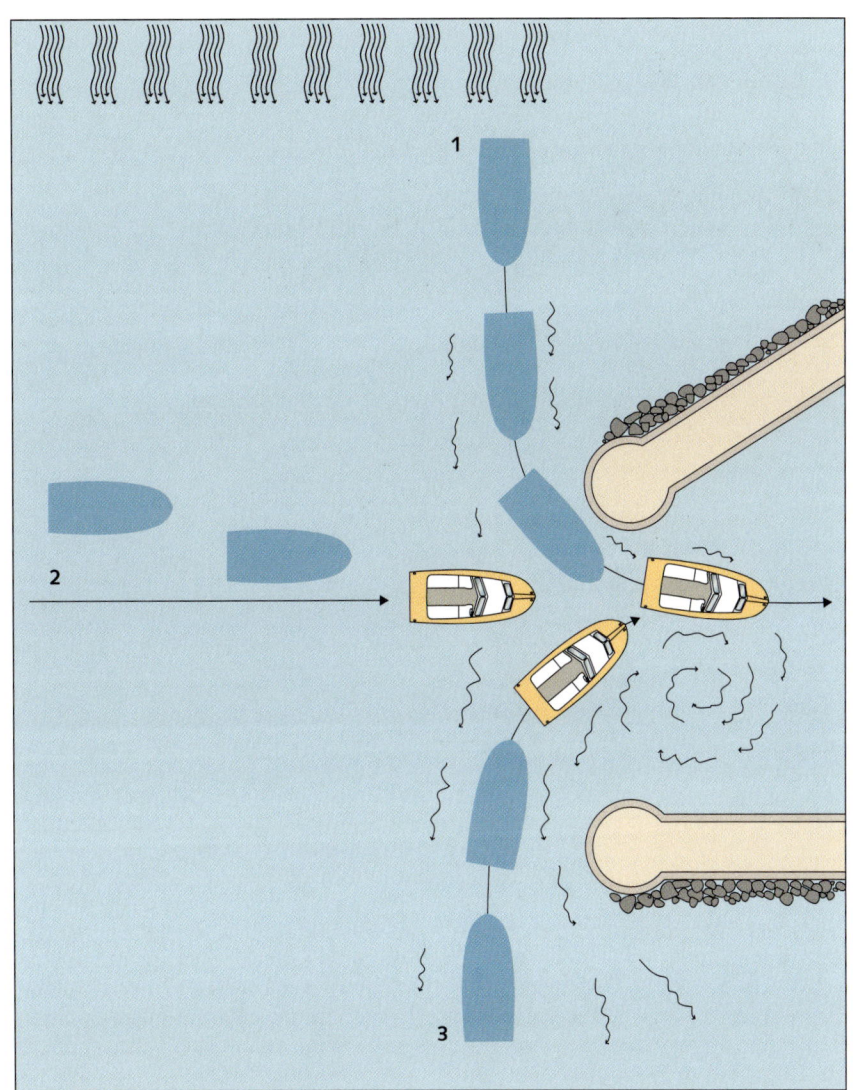

aber nicht unbedingt sinnvoll. Praktischer kann es oft sein, sich von der Strömung in Flussmitte nach Lee versetzen zu lassen und mit geringer Motorleistung im ruhigen Wasser in der Nähe des Ufers wieder stromauf zu fahren. Vor allem mit einer schwachen Motorisierung empfiehlt sich diese Methode.

Die Stromstärke lässt sich aus der Schräglage von schwimmenden Fahrwasserzeichen, Bojen und dergleichen und den sich dahinter bildenden Wasserwirbeln erkennen. Die tatsächliche Stromgeschwindigkeit daraus einigermaßen zutreffend abzulesen aber erfordert viel Erfahrung.

❏ Im tiefen Wasser, zur Flussmitte hin, ist die Strömung am stärksten. Deshalb empfiehlt es sich, mit einer schwächeren Motorisierung, bei Talfahrt im tieferen Wasser zu bleiben, bei Bergfahrt aber die flachen Ufer mit geringerer Strömung auszunutzen.

Achtung: In Flusskrümmungen verläuft die schnellere Hauptströmung jedoch in der Außenkrümmung unmittelbar am Ufer. Man spricht in dem Fall von anwerfendem Strom.

Stromhäfen

Die meisten Stromhäfen haben eine zum Ufer parallel verlaufende Schutzmauer. Die Hafeneinfahrt weist stromab. Beim Einlaufen hält man sich besser dichter an den Molenkopf, weil häufig vor dem Ufer eine ausgedehnte Schlickbank liegt.

Vor dem Auslaufen ist nach einlaufenden Schiffen Ausschau zu halten, die womöglich plötzlich »um die Ecke biegen« könnten.

In manchen Häfen sind auch für Sportboote beim Ein- und Auslaufen Schallsignale vorgeschrieben.

Einlaufen in eine enge Einfahrt

1 Mit dem Strom: Man kommt durch den mitlaufenden Strom mit verhältnismäßig viel Fahrt an. Der Augenblick des Eindrehens muss genau abgepasst werden, um nicht an der Einfahrt vorbeigesetzt zu werden.

2 Quer zum Strom: Auf diesem Kurs ist die Stromversetzung am größten,

entsprechend ist am weitesten nach Stromluv vorzuhalten.

3 Gegen den Strom: Erst in Stromluv der Einfahrt drehen.

Entsprechend ist natürlich auch bei der Durchfahrt zwischen Brückenpfeilern und einem quersetzendem Strom zu manövrieren.

Queren von Bug- und Heckwellen

Auf Flüssen und Kanälen wird der Sportbootfahrer häufig Dickschiffen, Schub- und Schleppverbänden begegnen oder sie überholen wollen. In beiden Fällen muss er die oft recht erheblichen Bug- und Heckwellen und die meist dazwischen liegenden kleineren Kabbelwellen queren. Geradezu gefährlich kann es werden, wenn man zwischen zwei einander begegnende oder überholende Dickschiffe gerät. Zwischen ihnen entsteht nicht nur eine üble Kreuzsee, sondern auch ein kräftiger Sog. Ein kleineres, schwächer motorisiertes Boot kann da leicht querschlagen oder vom Sog gegen die

Bordwand des Dickschiffes geschmettert werden.

Selbstverständlich ist, dass man selbst alle Begegnungs- und Überholmanöver in gebührendem Abstand vornimmt, um sich von dem Sog freizuhalten, der besonders stark im vorderen Drittel des Großen und in seinem Heckwasser ausgeprägt ist.

❑ Wichtige Regel: Nur dann überholen, wenn man eine Flussstrecke von etwa 1 km und mehr übersehen kann, also niemals in Krümmungen.

Ein **Verdränger** wird meistens langsamer als das Dickschiff und deshalb häufig das überholte Boot sein. Man

drückt ihn seitlich so weit wie möglich aus dem Kurs des Dickschiffes, um aus dem stärksten Schwell herauszukommen, und lässt ihn im Übrigen schaukeln. Eine besondere Fahrtechnik ist nicht erforderlich.

Anders beim **Gleiter.** Die zu querenden Wellen werden im Winkel von nicht ganz 90° geschnitten. Je spitzer man sie schneidet, umso größer ist die Gefahr, quergeschlagen zu werden. Das gilt gleichermaßen für die stark ausgeprägte Bug- und Heckwelle. Zwischen beiden wird meistens noch ein System kleinerer Wellen mitgeschleppt. Sie können spitzer angeschnitten werden, um beim Begegnen mit seinem Kurs nicht zu nahe an das Dickschiff und in seine Sogzone zu geraten.

Falsch Niemals mit Vollgas oder hoher Geschwindigkeit in die Bug- oder Heckwelle hineinlaufen. Ihre Höhe und Gewalt wird meistens unterschätzt. Die starken Schläge, die Boot und Insassen unvorbereitet treffen, können zu Bruch führen, jemand verletzen oder gar über Bord schleudern.

Falsch Aber auch nicht vor der Welle aus Gleitfahrt in Verdrängerfahrt abstoppen. Dabei besteht die Gefahr, dass der Bug unterschneidet und sich eine erhebliche Menge Wasser ins Boot ergießt.

Richtig Mit mäßiger Gleitfahrt die Welle(n) anlaufen, auf dem Wellenkamm das Gas zurücknehmen, damit das Boot nicht über die Welle hinwegschießt, und auf dem Rückhang der Welle gleich wieder Gas geben. Oder man absolviert das Ganze in langsamer Verdrängerfahrt, dann braucht man gar nicht mit dem Gas zu arbeiten. Beim Überholen allerdings wird die langsame Verdrängerfahrt nicht ausreichen, um über die Welle hinwegzukommen.

Queren von Bug- und Heckwellen in und gegen Fahrtrichtung mit einem Gleiter

Beim Begegnen genügend Abstand halten, um die Bugwelle etwa rechtwinklig queren zu können. Im ruhigeren Bereich zwischen Bug- und Heckwelle wieder auf Parallelkurs gehen, um beim Queren der Heckwelle nicht in den Sog des Schraubenwassers zu geraten.

Beim Überholen sich vom Sog des Schraubenwassers freihalten und die Heckwelle etwa rechtwinklig queren. Weiter vom Schiff weghalten, um nicht in den Sogbereich des Vorschiffs zu kommen.

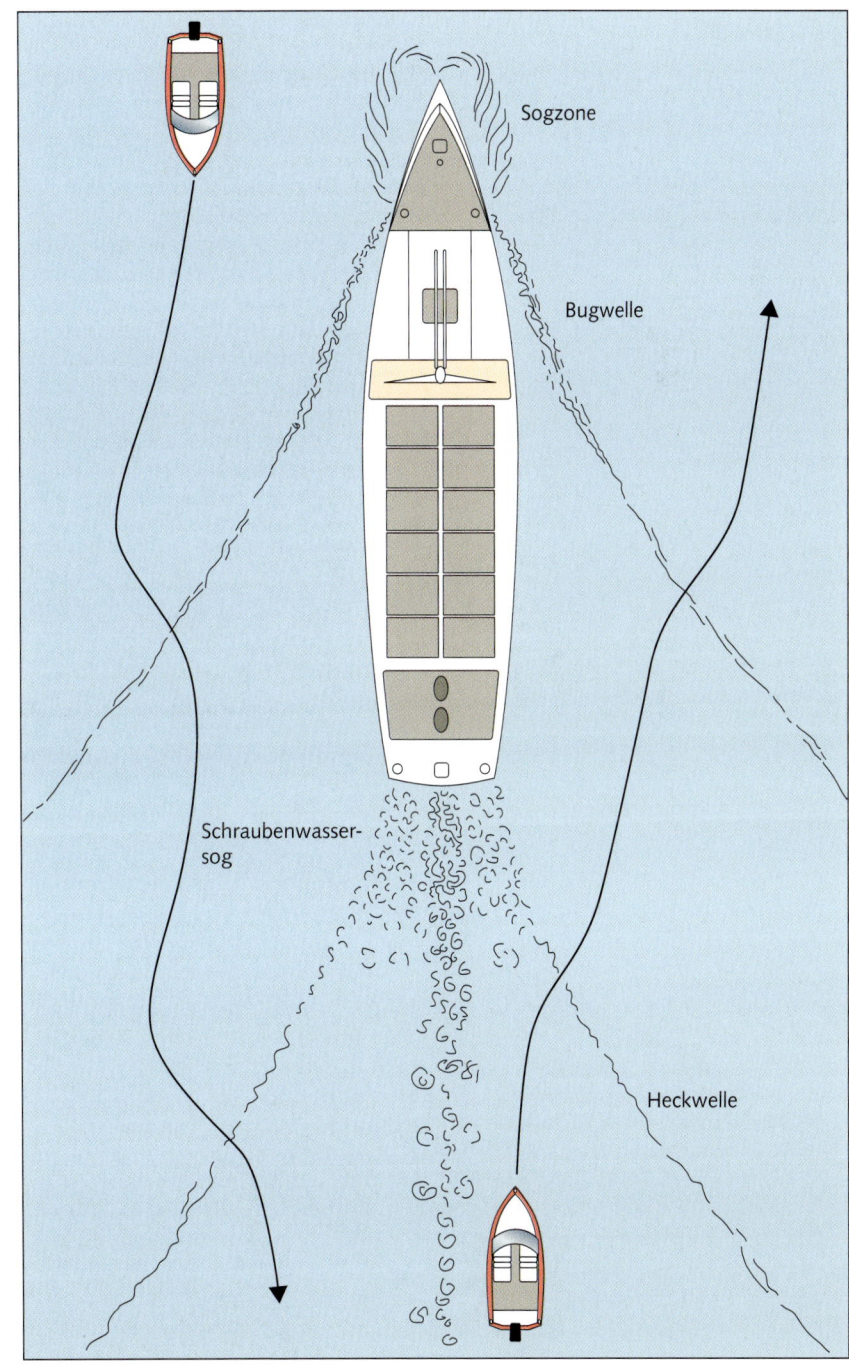

Sogzone

Bugwelle

Schraubenwasser-sog

Heckwelle

Schleusen

Kleinere Bootsschleusen haben häufig Selbstbedienung. In diesem Fall ist die Bedienungsanleitung genau zu befolgen. Schleusen, die nicht zur Selbstbedienung vorgesehen sind, dürfen nicht ohne Genehmigung der Schleusenaufsicht bedient werden – auch wenn das ohne weiteres möglich ist.

Gibt es spezielle Sportboot-Schleusen, darf die große Schleuse nur ausnahmsweise, auf Anweisung des Schleusenpersonals, benutzt werden. Sportboote unter 20 m Länge haben in allgemeinen Schleusen kein Anrecht auf Einzelschleusung. Sie können nur in einer Gruppe oder zusammen mit anderen Schiffen geschleust werden.

Wer Sprechfunk an Bord hat, schaltet den entsprechenden Kanal und meldet sich an.

Den häufig über Lautsprecher gegebenen Anweisungen des Schleusenpersonals ist unverzüglich nachzukommen. Grundsätzlich gilt für das Manövrieren im Schleusenbereich:

❑ Absolutes Überholverbot.

❑ So langsam fahren, dass das Boot gerade noch manövrierfähig ist, um Wellenschlag zu vermeiden.

❑ Grundsätzlich nur hinter der Berufsschifffahrt ein- und auslaufen.

❑ In der Schleusenkammer den Motor abstellen.

❑ Sofern an den Schleusenwänden Grenzen markiert sind, diese nicht überschreiten.

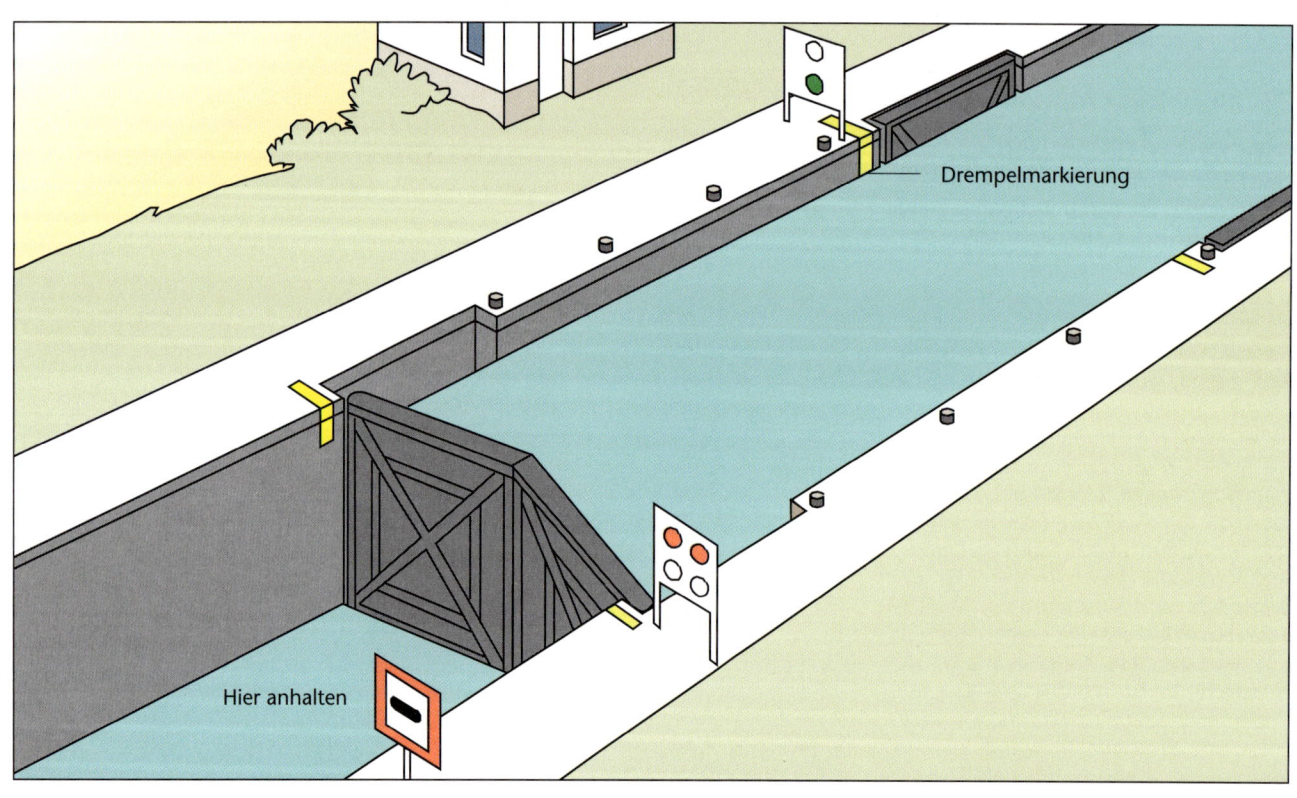

Drempelmarkierung

Hier anhalten

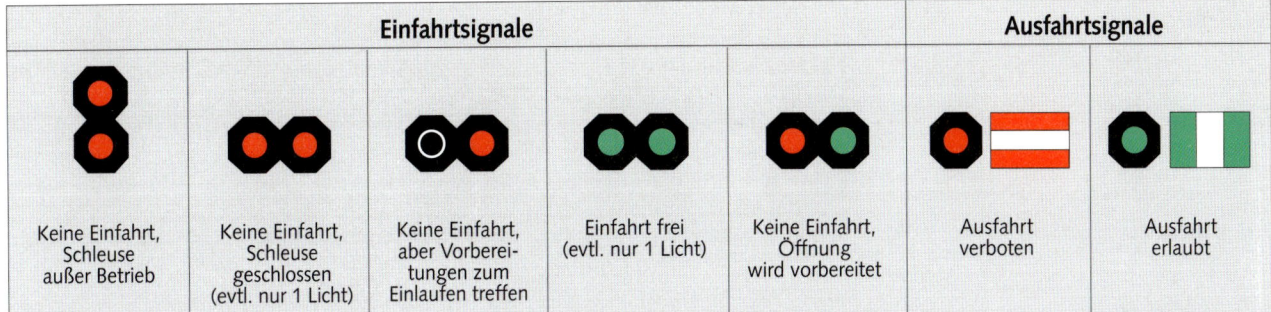

Einfahrtsignale					Ausfahrtsignale	
Keine Einfahrt, Schleuse außer Betrieb	Keine Einfahrt, Schleuse geschlossen (evtl. nur 1 Licht)	Keine Einfahrt, aber Vorbereitungen zum Einlaufen treffen	Einfahrt frei (evtl. nur 1 Licht)	Keine Einfahrt, Öffnung wird vorbereitet	Ausfahrt verboten	Ausfahrt erlaubt

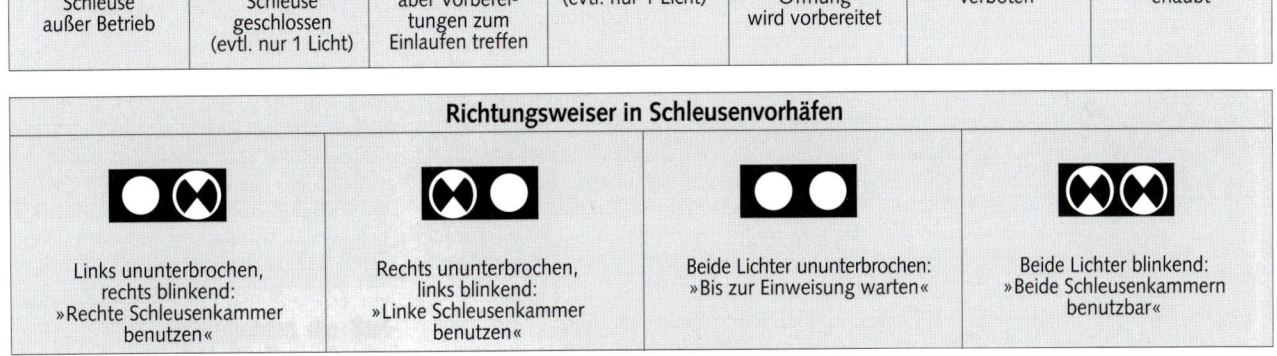

Richtungsweiser in Schleusenvorhäfen			
Links ununterbrochen, rechts blinkend: »Rechte Schleusenkammer benutzen«	Rechts ununterbrochen, links blinkend: »Linke Schleusenkammer benutzen«	Beide Lichter ununterbrochen: »Bis zur Einweisung warten«	Beide Lichter blinkend: »Beide Schleusenkammern benutzbar«

Vor dem Einlaufen in die Schleuse genügend Fender ausbringen und die Festmacher vorne und achtern klarlegen. Nicht zu dicht hinter dem letzten Großschiff einlaufen, man gerät sonst voll in den Schraubenstrom, den man nicht ausmanövrieren kann.

In dem ziemlich schnell einströmenden Wasser kann das Boot heftig zu schwojen beginnen. Deshalb mit Vor- und Achterleine an der Schleusenwand festmachen oder die Vorleine zu dem voraus liegenden Schiff übergeben. Während des Schleusens müssen die Festmacher gefiert oder geholt oder auf den nächsten Poller in der Nische der Schleusenwand umgehängt werden.

❑ Niemals an Bord mit Kopfschlag oder am Schleusenpoller mit Webeleinstek belegen, sondern immer auf Slip, damit man die Leinen jederzeit loswerfen oder versetzen kann und sich das Boot nicht darin aufhängt, wenn der Wasserspiegel fällt.

Beim Längsseitsliegen an einem großen Schiff hat man die Probleme mit den Leinen zwar nicht, es besteht aber immerhin die Gefahr, zwischen der Bordwand des Großen und der Schleusenmauer eingequetscht zu werden.

Beim Abschleusen am Oberhaupt aufpassen, dass das Boot nicht mit dem Heck auf den Schleusendrempel aufsetzt. Wie weit er in die Schleusenkammer hineinragt, zeigen weiße oder gelbe Farbmarkierungen an den Schleusenmauern an. In Spundwand-Schleusen auch auf die Fender achten. Sie bleiben leicht in den Vertiefungen hängen und reißen beim Aufwärtssteigen ab.

Beim Auslaufen die Leinen so lange belegt lassen, bis sich das Schraubenwasser des »Vorgängers« etwas beruhigt hat. Die Turbulenz kann so stark sein, dass man – selbst wenn man bereits unter Motor läuft – gegen die Schleusenwand zurückgeworfen wird.

Schleusensignale

Die Ein- und Ausfahrt in die Schleusenkammer wird bei Tag und Nacht durch Ampeln geregelt. Sie stehen auf einer oder auf beiden Seiten der Schleusenkammer. Gibt es mehrere Schleusenkammern, bezeichnen zwei weiße Blinklichter im Schleusenvorhafen die jeweils zu benutzende Kammer. Vorrang haben jedoch im Zweifelsfall die direkten Anweisungen des Schleusenpersonals.

Schleusengebühren

Der Deutsche Motoryachtverband zahlt für die Motorbootfahrer jedes Jahr, zur Abgeltung der Schleusengebühren, eine Pauschale an das Bundesfinanzministerium. Sie gilt aber nur für die Bundeswasserstraßen. Auf Landesgewässern müssen Schleusengebühren selbst entrichtet werden.

Anker

Die Ankertypen

Ein Anker dient dazu, ein Schiff sicher am Grund oder auch an einem Ufer festzuhalten. Geradezu lebensrettend kann er werden, wenn man, beispielsweise mit Motorschaden, auf ein gefährliches Hindernis zutreibt oder in ein enges, belebtes Fahrwasser driftet.

Es gibt zwei Ankerkonzeptionen:

Gewichtsanker, ihre Wirksamkeit beruht vor allem auf ihrem hohen Eigengewicht, und

Patent- oder **Leichtgewichtanker,** die bei gleichem Gewicht eine bedeutend höhere Zugfestigkeit oder Haltekraft aufweisen. Anders ausgedrückt, bei gleicher Zugfestigkeit können sie erheblich leichter sein. Beim Eingraben in den Grund ist allerdings das Leichtgewicht wieder ein gewisses Handicap.

Der **Stock-** oder **Admiralitätsanker** ist ein Gewichtsanker. Er fasst gut auf steinigem, tonigem und verkrautetem Grund und gilt als der beste Allround-Anker. In sandigem Boden hält er das 7- bis 10-fache seines Gewichtes.

Nachteile: Er ist verhältnismäßig schwer und unhandlich. Ein Arm steht am Grund immer hoch. Leicht können beim Ankern oder Schwojen Kette oder Leine daran unklar kommen und den Anker ungewollt ausbrechen.

Eine modernisierte Variante ist der **Fisherman-Anker** mit beiklappbaren Flunken. Er lässt sich dadurch besser stauen.

Der **Danforth-Anker** lässt sich beigeklappt hervorragend stauen. Er hat eine mindestens dreimal so große Haltekraft wie ein Stockanker. Schwere Danforth-Anker machen sogar häufig Schwierigkeiten beim Ausbrechen.

Nachteile: Er hält nicht gut auf stark verkrautetem oder steinigem Grund.

Der **Pflugschar-** oder **CQR-Anker** gilt als derjenige mit der größten Haltekraft unter allen bekannten Yachtankerarten. Er zählt ebenso wie der Danforth zu den stocklosen Patentankern.

Nachteil: Er fasst schlecht in verkrautetem oder tonigem Grund.

Der **Schirm-** oder **Faltdraggen** ist ein kleinerer Anker für leichtere (Außenborder-)Boote. Die Arme lassen sich an den Schaft klappen und dort sichern. Er ist beliebt wegen seines geringen Platzbedarfs.

Nachteil: Mindestens ein Arm steht immer hoch und kann mit der Ankerleine unklar kommen.

Darüber hinaus befinden sich noch diverse Ankertypen unter den verschiedensten Bezeichnungen auf dem Markt. Oft nur Abwandlungen der bewährten Typen. Einige Verbreitung auf größeren Motoryachten hat der **Bruce-Anker** gefunden.

Über die erforderlichen Ankergewichte für einen bestimmten Bootstyp haben die Yachtausrüster Tabellen. Grundsätzlich gilt: Ein Anker kann, wenn es um seine Haltekraft auf unterschiedlichen Ankergründen geht, nicht schwer genug sein. Grenzen setzen ihm die Muskelkraft der Crew oder die Zugkraft des Ankerspills.

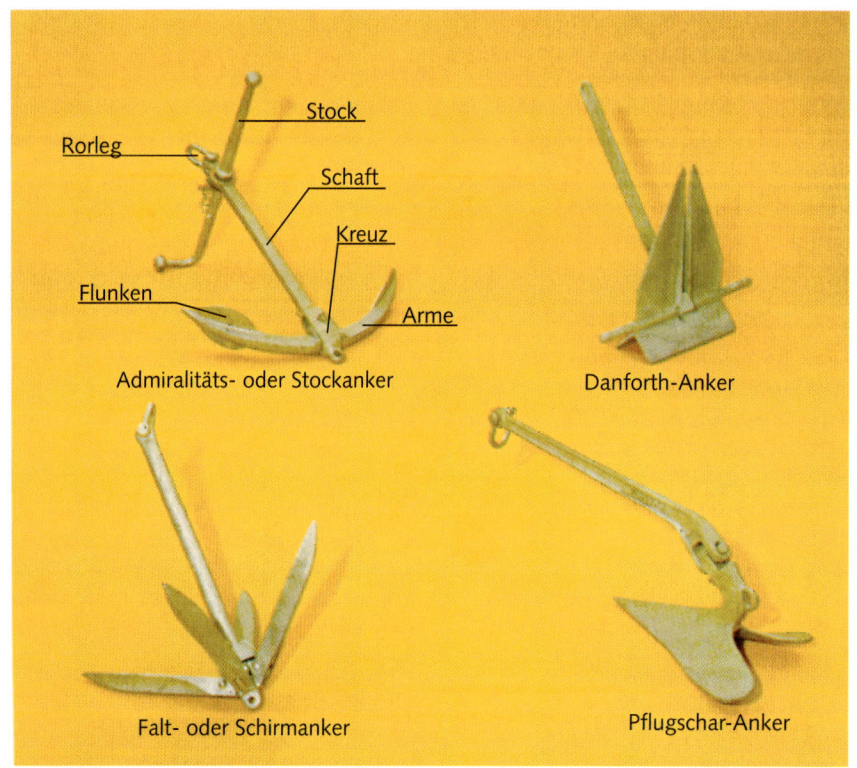

Stock
Rorleg
Schaft
Kreuz
Flunken
Arme
Admiralitäts- oder Stockanker

Danforth-Anker

Falt- oder Schirmanker

Pflugschar-Anker

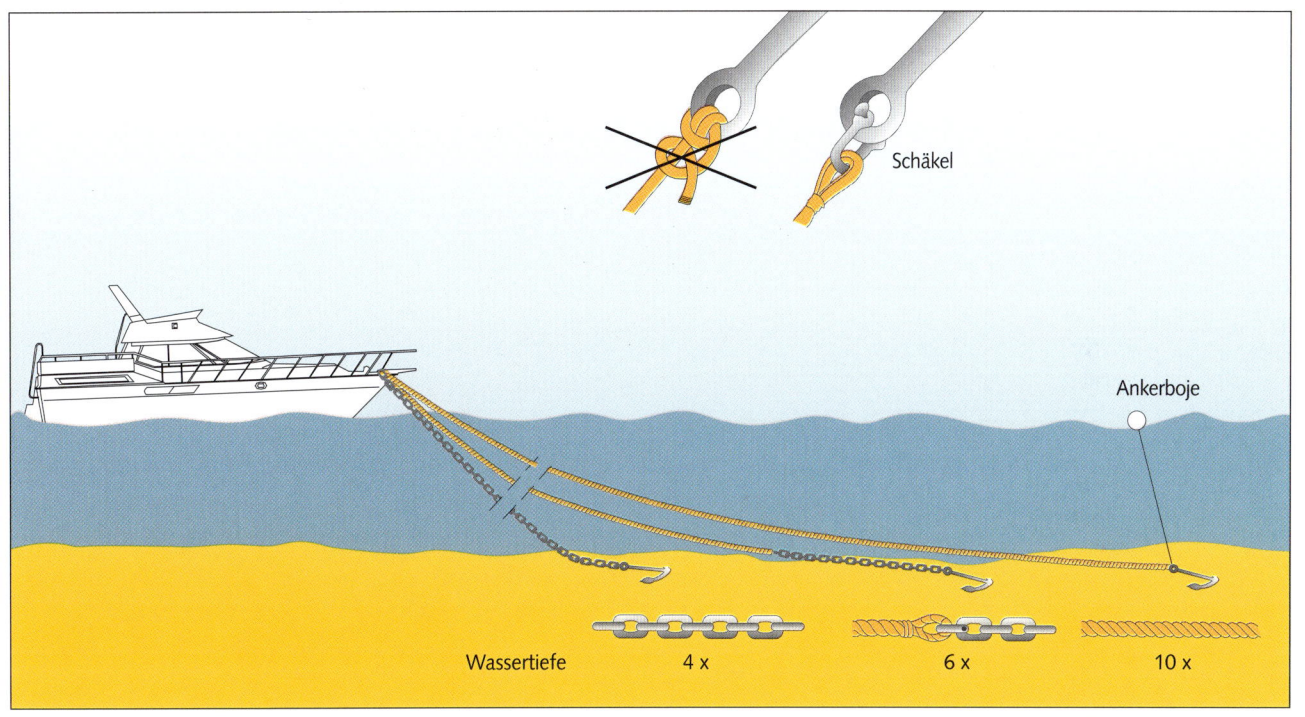

Schäkel

Ankerboje

Wassertiefe 4 x 6 x 10 x

Ankerleine und Ankerkette

Je länger die Kette oder Leine ist, umso besser hält der Anker. Auf leichten Außenborderbooten genügt eine Ankerleine. Wird auf größeren Booten – um Gewicht zu sparen – eine Leine verwendet, muss zwischen Anker und Leine ein Kettenvorlauf von mindestens 6 m geschäkelt werden. Der Kettenvorlauf zieht durch sein Eigengewicht den Ankerschaft herunter, verstärkt durch seine Haftreibung auf dem Grund die Effektivität des Ankers und verhindert ein hartes Einrucken des Bootes in die Ankertrosse, das den Anker wieder ausbrechen könnte. Ein akzeptabler Kompromiss ist eine Leine mit einer flexiblen Bleiseele.

Eine Ankerleine darf – entgegen einer weit verbreiteten Lehrmeinung – nicht mit einem Roringstek am Ankerring angesteckt werden. Er hält in glattem, synthetischem Tauwerk schlecht und verringert die Reißfestigkeit der Leine um etwa 50 %.

Der Ankerplatz

Ein Ankerplatz sollte sorgfältig ausgewählt werden. Er sollte möglichst in strömungsfreiem Wasser und gegen Wind geschützt liegen – auch Winddrehungen einkalkulieren – und guten Ankergrund haben.
❏ Ein Ankerplatz muss weit genug von anderen Booten entfernt sein, damit alle einen vollen Kreis um ihren Anker schwojen können, wenn sich die Wind- oder Stromrichtung ändert.
❏ Verboten ist Ankern auf Kanälen, unter Brücken und Hochspannungsleitungen, auf Wendestellen, in Hafeneinfahrten, in der Fahrlinie von

Wie lang soll die Ankerleine sein?
Ankern mit Kette: mindestens das 3-fache der Wassertiefe.
Ankern mit Leine und Kettenvorlauf: mindestens das 4-fache der Wassertiefe.
Ankern nur mit Leine: mindestens das 5-fache der Wassertiefe.
Diese Angaben – so werden sie in der Führerschein-Prüfung verlangt – gelten allenfalls für stilles Wasser. In strömendem Gewässer und auf großen Wasserflächen, auf denen höhere Wellen entstehen, sollte man besser Längen vom 4-, 6- und 10-fachen der Wassertiefe wählen. Eine Ankerboje zeigt an, wo der Anker liegt.

Fähren und auf Wasserski- und Wassermotorradstrecken.
Als goldene Grundregel gilt: Ankern auf Flüssen nur im Notfall. Festmachen an Land ist in jedem Fall sicherer.

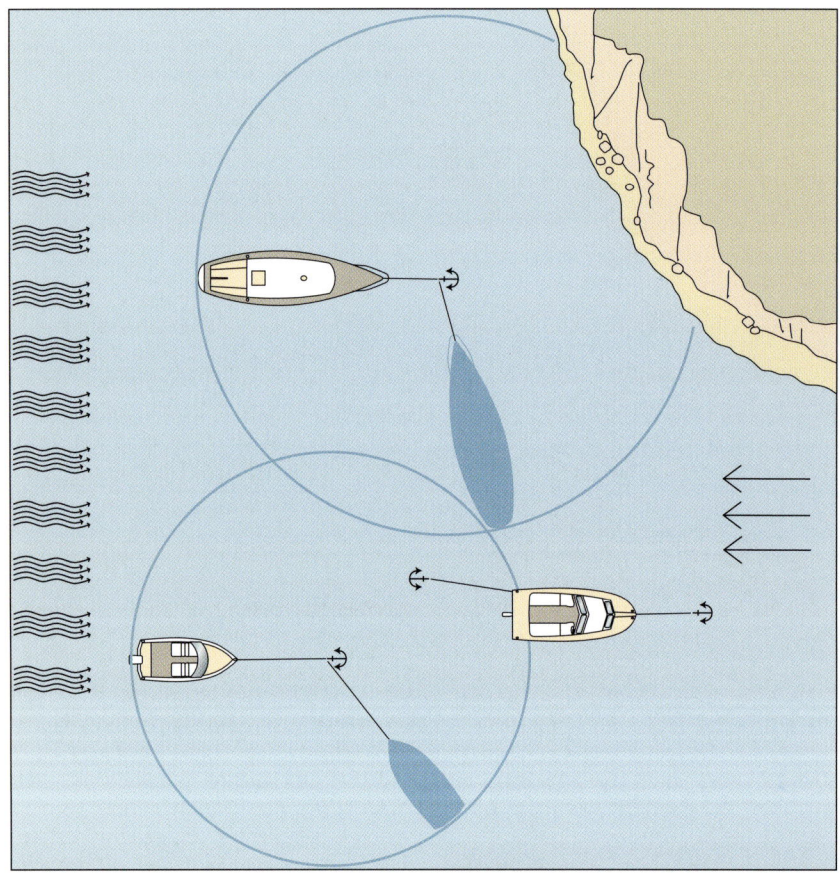

Ankermanöver

Das Ankern

Liegt der Ankerplatz fest, wird auf dem Vorschiff der Anker klariert. Nachsehen, ob die Kette oder Leine auch tatsächlich im Kettenkasten beziehungsweise an einer Klampe belegt und der Splint an Stockankern gesichert ist. Die Leine klar zum Auslaufen aufschießen oder an Deck in Buchten nebeneinander auslegen.

Mit langsamer Fahrt gegen Wind oder Strom – je nachdem wer stärker ist – den Ankerplatz anlaufen. Maschine stopp. Erst wenn das Boot zum Stillstand gekommen ist, lässt man den Anker fallen. Das heißt, man lässt ihn senkrecht auf den Grund absinken. Den Anker nicht etwa in hohem Bogen über Bord werfen. Allzu leicht könnte er dabei mit der Leine unklar kommen, sodass er sich

Abstand halten
Steht nur Strom oder Wind aus einer Richtung, schwojen alle Boote in die gleiche Richtung und kommen sich nicht zu nahe. Steht aber beispielsweise Strom gegen Wind, können Ankerlieger recht unterschiedliche Positionen einnehmen. Bedingt durch unterschiedliche Über- und Unterwasserschiffsformen. Das eine Boot stellt sich mehr in Wind-, das andere mehr in Stromrichtung.

Ein Boot vor Bug- und Heckanker schwojt nicht mit, sondern bleibt bei Richtungsänderungen von Wind oder Strom annähernd am selben Platz.

Anker klarieren
Den Anker an Deck holen und die Leine durch die Hand laufen lassen, um zu sehen, ob sie keine Kinken hat. Nicht vergessen, die Leine an Bord zu befestigen, und den Anker unter der Reling durch über Bord geben. Nicht in der Leine stehen.

Beim Wegstauen kommt der Anker im Kasten obenauf.

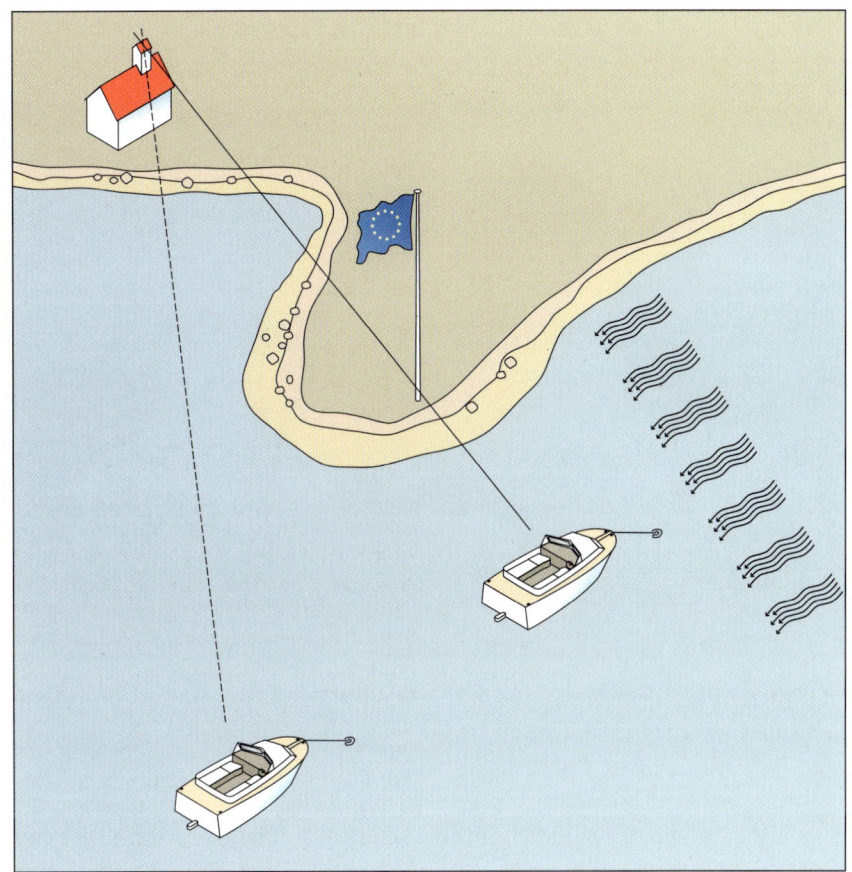

Hält der Anker?

Um festzustellen, ob der Anker hält, sucht man sich zwei – hoffentlich vorhandene – in Deckung liegende Landmarken. Dann beobachtet man, ob sich diese Deckpeilung im Verhältnis zur Bootsrichtung ändert. Ein leichtes Auswandern der Landmarken bedeutet meistens nur, dass das Boot schwojt. Zeigt das Boot jedoch ständig in dieselbe Richtung, während die Landmarken sich voneinander entfernen, schliert der Anker.

gar nicht in den Grund eingraben kann. Deshalb auch die Leine niemals einfach über Bord werfen, sondern Hand über Hand ausgeben. Hat der Anker den Grund erreicht, mit der Maschine langsam zurückgehen, bis die erforderliche Leinenlänge ausgegeben ist. Dann die Leine belegen, damit der Anker fassen kann. Ein kurzer Gasstoß zurück zeigt, ob der Anker hält. Schliert er, mehr Leine stecken. Nützt auch das nichts, muss man den Anker aufholen und mit einem neuen Ankermanöver sein Glück versuchen.

Aber auch ein Anker, der zunächst einmal gefasst hat, kann später ins Schlie-

ren geraten. Durch hohen Wellenschlag etwa oder eine Winddrehung. Anzeichen dafür ist, wenn man in der Leine ein Rucken oder Vibrieren verspürt. Auf stark verschlammten Böden jedoch kann sich die Leine auch völlig neutral verhalten, so als ob der Anker festsäße. Wenn vorhanden, peilt man zwei feste Landmarken und beobachtet, ob die Peilung steht, das heißt, sich nicht gegenüber dem eigenen Standort verändert. Auf größeren Yachten sollten solche Peilungen etwa stündlich kontrolliert werden.

Das Ankermanöver mit einer großen Motoryacht ist im Prinzip gleich, nur wird dort die Ankerkette von einer gebremsten Ankerwinde abgespult.

Ankerlichten

Üblicherweise ist nichts leichter als das. Man läuft mit ganz langsamer Fahrt auf den Anker zu – während gleichzeitig die Leine Hand über Hand eingeholt wird – und über ihn hinweg. Meist kommt der Anker dann bereits von selbst, oder es genügt ein kurzer Ruck beim Überfahren, um ihn aus dem Grund zu brechen. Vorsichtig wird der Anker aufgeholt, damit er nicht gegen die Bordwand schlägt, sauber ausgewaschen und an Deck genommen.

Manchmal allerdings kommt der Anker nicht so leicht, weil eine Flunke sich hinter irgendetwas verklemmt oder zu tief in schweren Schlick eingegraben hat. Dann wird die Ankerleine fest belegt, sobald sie senkrecht steht, und mit mehr Kraft über den Anker hinweggefahren. Oder man umkreist den Anker, um auf diese Weise den Zugwinkel am Ankerschaft zu finden, unter dem der Anker frei kommt. Dabei muss die an Bord belegte Ankerleine ständig unter Zug gehalten werden.

Bei einseitiger Schleppbelastung muss ständig gegengesteuert werden.

Schleppen

Wer auf den Haken genommen, das heißt geschleppt werden will, schwenkt einen Tampen oder die in Buchten bereitgehaltene Schleppleine. Der Schlepper läuft so dicht wie möglich heran, stoppt die Maschine und nimmt die Leine über. Wenn sie zu kurz geworfen wurde und zwischen den Booten ins Wasser klatscht, den Propeller erst wieder einkuppeln, wenn die Leine eingeholt worden ist. Zu leicht könnte sie sonst in den Propeller geraten und das eigene Schiff manövrierunfähig machen.

In fließendem Gewässer immer gegen den Strom heranfahren, weil man da besser manövrieren kann.

Wenn Heckklampe oder Poller nicht mittschiffs sitzen, die Leine möglichst über eine Hahnepot auf die beiden Heckklampen führen, damit der Anhang nicht fortwährend zu einer Seite zieht. Die Verteilung der Zugkräfte über eine Hahnepot ist auch dann unbedingt ratsam, wenn der Anhang ein schweres Boot oder vom Grund oder Ufer freizuschleppen ist. Langsam anfahren, damit die Leine nur allmählich den vollen Zug aufnimmt und nicht hart einruckst.

Auf kleineren zu schleppenden Booten die Schleppleine am Schleppauge am Bug festmachen. Es ist meistens der Beanspruchung besser gewachsen als die Bugklampe. Da es oft schwierig ist, vom eigenen Boot aus an das Schleppauge heranzukommen, empfiehlt es sich, schon vor der Fahrt eine Leine anzubringen. Sie kann als Festmacher an

Land oder auch als Ankerleine verwendet werden. Sind zwei Bugklampen vorhanden, wird die Schleppleine mit einer Hahnepot auf beiden belegt.

❏ Beim Anschleppen weg von der Schleppleine, denn wenn sie bricht, kann ihr Peitschenschlag lebensgefährlich werden.

In freien Gewässern, in denen der Schiffsverkehr das erlaubt, möglichst so viel Leine stecken, dass sie in der Mitte in einer Bucht durchhängt. Diese Bucht nimmt die Zugkräfte elastisch auf, verhindert ein hartes Einrucksen und dadurch eine zeitweilige übermäßige Beanspruchung der Schleppbeschläge.

❏ Nur so schnell fahren, dass die Rumpfgeschwindigkeit eines kleineren Anhangs nicht überschritten wird.

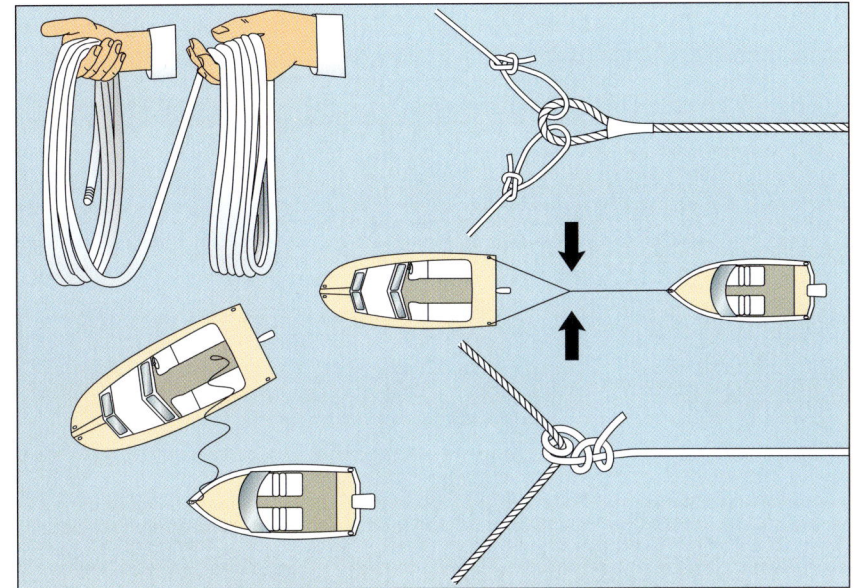

Übernehmen der Schleppleine

Die Schleppleine wird in Buchten aufge-schossen, dann teilt man sie, nimmt in jede Hand ungefähr die Hälfte der Buchten und wirft nur einen Teil mit der Wurfhand hinüber. Den anderen Teil gibt die zweite Hand im Flug hinterher. Den Zug der Schleppleine über eine so genannte Hahnepot auf die beiden Heckklampen verteilen.

Hier zwei Möglichkeiten, eine proviso-rische Hahnepot zu bilden.

Eine zu hohe Schleppgeschwindigkeit birgt verschiedene Risiken: Ausreißen der Beschläge, Querschlagen des Boo-tes oder Unterschneiden. Deshalb ist Vorsicht geboten, wenn ein freundlicher Berufsschiffer bereit ist, ein kleines Mo-torboot »auf den Haken« zu nehmen. Denn er muss Geld verdienen und kann auf die Rumpfgeschwindigkeit seines Anhangs keine Rücksicht nehmen.

Beim Loswerfen der Schleppleine am Ziel darauf achten, dass sie nicht in den Propeller gerät. Die fremde Leine weit genug achteraus werfen, die eigene Leine nur bei ausgekuppeltem Propeller einholen.

Längsseits schleppen

Ist der Schlepper eine Motoryacht mit starrer Welle, gibt es Probleme, wenn die Schleppleine auf den Heckklampen belegt wird. Denn der Drehpunkt sol-cher Boote liegt mehr oder weniger im vorderen Drittel. Ein schwerer Anhang behindert den Heckausschlag unter Um-

ständen so stark, dass ein kontrolliertes Kurshalten und Manövrieren fast un-möglich wird. Deshalb ist es vorteilhaf-ter, mit einer Yacht mit starrer Welle, aber auch in Schleusen und engen Fahr-wassern, längsseits zu schleppen.

Das zu schleppende Boot wird auf die Seite genommen, nach der der Propeller dreht. Im Normalfall also auf die rechte. So wird der Radeffekt am besten ausge-glichen. Der Schlepper legt sich so weit nach hinten wie möglich, damit der Pro-peller rundrum genügend Wasser be-kommt.

Die Boote müssen gut gegeneinander abgefendert und die Leinen so steif wie möglich durchgesetzt werden, damit die Boote möglichst wenig Spielraum haben und sich nicht gegeneinander ver-schieben können. Im Allgemeinen ge-nügen bei Vorausfahrt Vor- und Achter-leine und Vorspring. Eine zusätzliche Achterspring empfiehlt sich für Rück-wärtsmanöver und bei vielen Stopps. Aber auch bei solchem Gebinde ist die Manövriereigenschaft behindert.

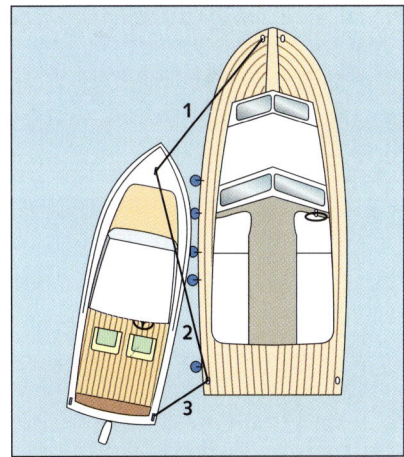

Längsseits schleppen

Ist der Schlepper kleiner als das zu schleppende Boot, macht er so weit wie möglich hinten fest, und der Bug wird leicht einwärts gestellt. Die Stellung re-guliert man mit der Vor- (1) und Achter-leine (3). Die eigentliche Schleppleine ist die Vorspring (2) des Schleppers, die den Zug in Fahrtrichtung aufnimmt.

Wasserski

Für manchen ist das Motorboot nur Mittel, um den Wasserskisport auszuüben. Doch unterliegt der genau zu beachtenden Einschränkungen.

Gesetzliche Bestimmungen

❑ Grundsätzlich verboten ist Wasserskilaufen auf Kanälen und in Häfen. Auf Binnenschifffahrtsstraßen ist es nur auf den besonders blau ausgeschilderten Strecken erlaubt, und zwar nur bei einer Sicht von mehr als 1000 m, von Sonnenaufgang bis Sonnenuntergang, sofern nicht auf Zusatzschildern zu den blauen Tafeln bestimmte Zeiten festgesetzt sind.

❑ Das Zugboot muss mindestens mit zwei Personen besetzt sein, dem Fahrer und jemand, der den Wasserskiläufer ständig im Auge behält.

 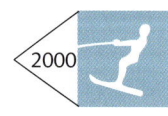

Bezeichnung einer Wasserskistrecke von 2000 m.

Reinfall und erneuter Wasserstart

Nach einer Wasserlandung des Läufers einen Kreisbogen fahren, ähnlich dem Mann-über-Bord-Manöver. Das Zugseil wird nachgeschleppt, bis eine Position in ungefähr 3 m hinter dem Rücken des Läufers erreicht ist. Hart Ruder oder Antrieb einschlagen und etwa im rechten Winkel langsam ablaufen. Das Zugseil, das »die Kurve schneidet«, wird direkt an dem Läufer im Wasser vorbeigezogen, bis er die Hantel greifen kann. Maschine stopp, und erneuter Start.

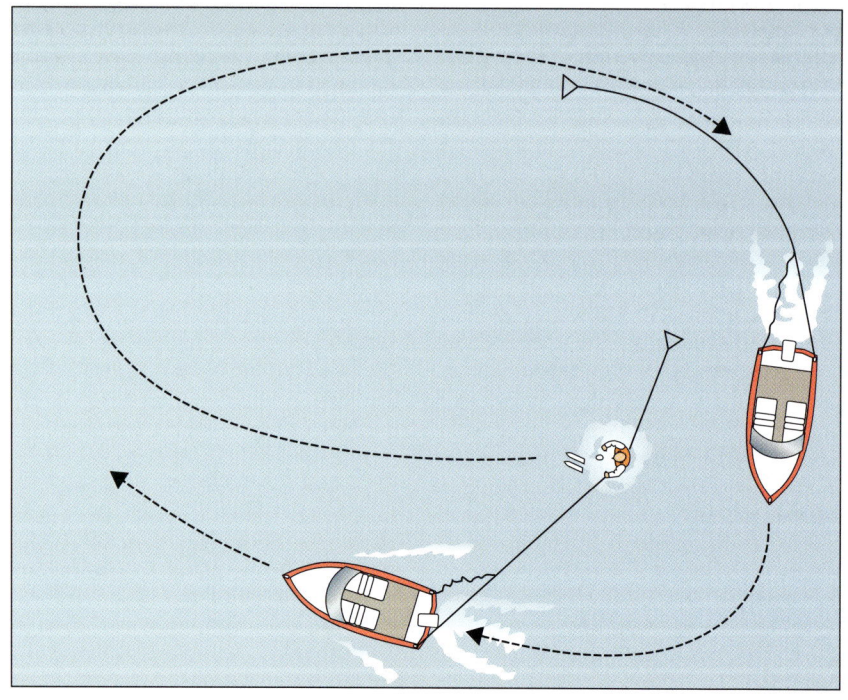

❏ Während der Vorbeifahrt an anderen Booten oder Schiffen, an Schwimmkörpern und an Badenden muss sich der Wasserskiläufer im Kielwasser des Zugbootes halten. Schleifen und Slalomfahren haben zu unterbleiben. Das Boot muss einen Sicherheitsabstand von mindestens 10 m halten.

Das Zugboot
Erstrebenswert ist ein Zugboot mit flachem Kielwasser, also wenig V im hinteren Bodenbereich, aber dennoch sicherer Kurvenstabilität. Sie ist wichtig, damit das Heck durch Schwünge des Läufers nicht aus der Spur gerissen wird.
Für Schlauchboote und sehr leichte Außenborderboote kann man etwa 25 PS (18 kW) als untere Motorisierung ansetzen. Für Monoski etwa 40 PS (29 kW). Ungefähr 35 km/h sind die richtige Geschwindigkeit für sportlichen Wasserskilauf.

Wassermotorräder
Auch für sie gilt, dass sie nur auf den speziell blau ausgeschilderten Strecken gefahren werden dürfen. Ebenfalls nur bei einer Sicht von mehr als 1000 m, in der Zeit von 7.00 bis 20.00 Uhr, jedoch nicht vor Sonnenaufgang und nach Sonnenuntergang. Sie dürfen nur auf befestigten Zugängen – Slipanlagen und Rampen – oder mit einem Kran zu Wasser gelassen oder aus dem Wasser heraus genommen werden.
Die diversen Vorschriften für Wassermotorradfahrer beziehungsweise Wasserskiläufer enthalten die **Wassermotorräder-Verordnung** und die **Wasserski-Verordnung**.

Ausgewiesene Fahrstrecke für Wassermotorräder (Jetski, Waterscooter)

Bekam in dunkler Nacht die Kurve nicht, lief mit hoher Geschwindigkeit die Uferböschung hinauf und kippte um.

Havarie

Als Havarie bezeichnet man jeden Schaden am Boot, der das Fahrverhalten stark beeinträchtigt oder eine unmittelbare Gefahr für Boot und Besatzung heraufbeschwört.
Wie bei jedem Unfall sind zuerst die Menschen außer Gefahr zu bringen, beziehungsweise Verletzte zu bergen und zu versorgen. Die Pflicht zur Hilfeleistung gilt selbstverständlich auch dann, wenn man nicht selbst in eine Havarie verwickelt, sondern nur Zeuge ist. Jedem Havaristen ist nach bestem Können Hilfe zu leisten. Ihre Grenzen hat sie dort, wo man das eigene Boot oder seine Besatzung gefährden würde.
Zu dieser Hilfeleistung zählt auch das so genannte Wahrschauen. Weit genug von der Unfallstelle entfernt müssen andere Schiffe rechtzeitig gewarnt werden. Möglicherweise müssen Talfahrer aufdrehen und Bergfahrer stoppen, wenn durch die Havarie das Fahrwasser versperrt worden ist.

Nach einem Zusammenstoß oder einer schweren Grundberührung sofort feststellen, ob das Boot Wasser macht. Bei einem stärkeren Wassereinbruch unverzüglich Kurs aufs nächste Ufer nehmen, das Boot so hoch wie möglich auf Land setzen und mit Leinen oder Anker sichern.
Danach, und immer wenn Menschen verletzt worden sind, die nächste Polizeidienststelle (Wasser oder Land) benachrichtigen.
Nach einer Kollision mit einem anderen Schiff ist sofort ein Havariebericht niederzuschreiben mit Name, Heimathafen und Schiffstyp des Kollisionsgegners, Uhrzeit, Ort (Flusskilometer), Sicht, Wetter und Personalien der Beteiligten und Zeugen.
Auch wenn man auf irgendwelche unbezeichneten Hindernisse im Fahrwasser trifft, sind sie unverzüglich der nächsten Polizeidienststelle zu melden, damit das Hindernis schnellstens beseitigt oder aber markiert werden kann.

Wetterkunde

Hoch und Tief

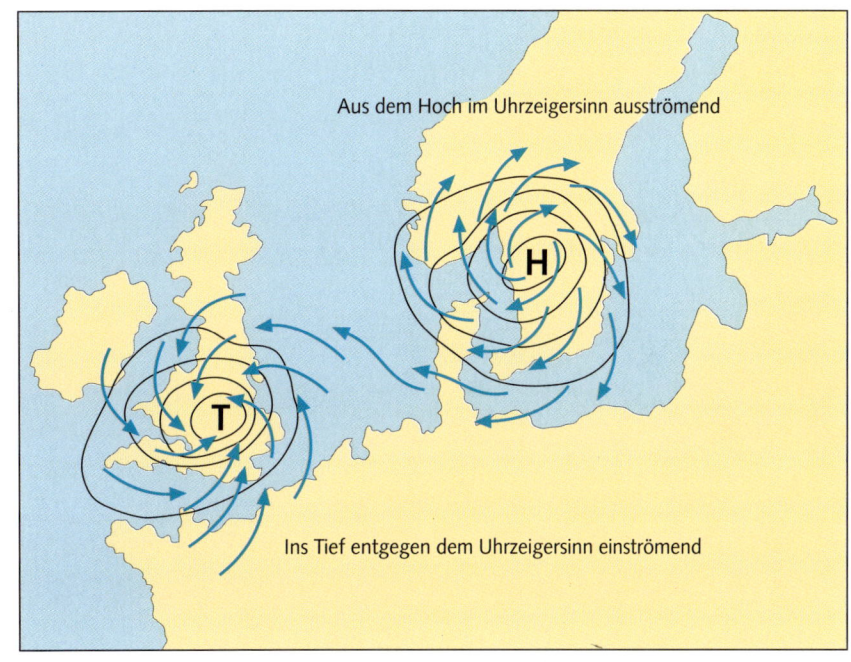

Aus dem Hoch im Uhrzeigersinn ausströmend

Ins Tief entgegen dem Uhrzeigersinn einströmend

Die Erdkugel ist von einer Lufthülle umgeben. Sie würde gleichmäßig verteilt auf der Erdoberfläche lagern und ungestört die Erddrehung mitmachen, wenn ihr Gewicht – die Luftdichte – sich nicht durch Erwärmung und Abkühlung ändern würde. Erwärmte Luft dehnt sich aus. Sie steigt auf und wird leichter, der Luftdruck dementsprechend niedriger. So entsteht ein Tiefdruckgebiet, kurz **Tief (T)** genannt. Kalte Luft dagegen zieht sich zusammen, wird schwerer und erzeugt einen hohen Druck auf die Erdoberfläche. Es entsteht ein Hochdruckgebiet, kurz **Hoch (H)** genannt.

❏ Ein Tief bildet sich über Räumen, die stärker erwärmt sind als die umliegenden Gebiete.
❏ Ein Hoch bildet sich über Räumen, die stärker abgekühlt sind als die umliegenden Gebiete.

Die Hochs und Tiefs liegen allerdings nicht fest. Sie verlagern sich mehr oder weniger schnell und folgen gewissen charakteristischen Zugbahnen.

Die landläufige Meinung, ein Hoch bedeute stets schönes Wetter, ist nur teilweise richtig. Nur im Kern und auf der Rückseite ist gutes Wetter zu erwarten. An seiner Front bleibt es meistens schlecht.

Der zwischen Hoch und Tief bestehende Luftdruckunterschied gleicht sich aus, indem schwere Luft in das Ge-

biet mit leichterer Luft strömt. Diese Luftbewegung ist der Wind. Je dichter Hoch und Tief zusammenliegen und je größer das Luftdruckgefälle zwischen ihnen ist, umso stärker weht der Wind. Auf der wohl jedem geläufigen Wetterkarte verbinden so genannte Isobaren alle Orte gleichen Luftdrucks.

❏ Liegen die Isobaren eng nebeneinander, ist das Druckgefälle groß, und es wird stark wehen.
❏ Liegen die Isobaren weit auseinander, ist das Druckgefälle gering, und es ist allenfalls mit leichten Winden zu rechnen.

Die Erddrehung bewirkt, dass auf der nördlichen Halbkugel die Luft gegen den Uhrzeigersinn spiralförmig ins Tief einströmt, aus dem Hoch aber im Uhrzeigersinn spiralförmig ausströmt. Auf der südlichen Halbkugel geschieht es entgegengesetzt.

Die Höhe des Luftdrucks, gemessen in Hektopascal (hPa), zeigt das Barometer an. Allerdings sagt der augenblickliche Barometerstand über die Wetterentwicklung kaum etwas aus. Erst aus den Luftdruckschwankungen lassen sich gewisse Schlüsse ziehen. Im Allgemeinen gilt:

❏ Gleich bleibender oder langsam ansteigender Luftdruck verspricht eine Schönwetterperiode.
❏ Stetig fallender Luftdruck kündigt schlechtes Wetter an, schnell fallender meist Sturm.

Die Windgeschwindigkeit wird in Meter pro Sekunde (m/s), Kilometer pro Stunde (km/h), Knoten (kn = Seemeilen pro Stunde) oder in Beaufort (Bft) gemessen. Die Beaufort-Skala teilt die Windgeschwindigkeit nach der Auswirkung auf See und Land in 12 geschätzte Stärkegrade ein.

Land- und Seewind, Gewitter

Die tägliche Sonneneinstrahlung auf Land und Wasser verursacht ein rein lokales Windsystem: die thermischen Winde. Sie beruhen darauf, dass sich Land viel schneller erwärmt als Wasser, aber auch schneller wieder auskühlt. So bildet sich unter der Sonneneinstrahlung über Land ein kleines Tief, das durch einströmende kühlere Meeresluft aufgefüllt wird. Es entsteht

Seewind. Er weht von See aufs Land (auflandig) und erreicht am frühen Nachmittag seine größte Stärke. Mit Sonnenuntergang schläft er ein.

Am späten Abend, beziehungsweise nachts beginnt das umgekehrte Spiel. Über dem Wasser, das die Wärme länger speichert, bildet sich ein kleines Tief, das von kühlerer Landluft aufgefüllt wird, dem

Landwind. Er weht vom Land aufs Wasser (ablandig).

Diese thermischen Winde, die sich in einer flacheren Küstenregion ziemlich gleichmäßig ausbilden, können sich auf Bergseen zu stoßartigen heftigen Fallböen entwickeln.

Gewitter

Frontgewitter entstehen an einer Kaltfront innerhalb eines großräumigen Tiefs. Sie werden nicht durch Gebirge und Täler beeinflusst und erscheinen als eine Abfolge mehrerer über einen größeren Raum verteilten Gewitter, verbunden mit erheblicher Abkühlung.

Wärmegewitter sind örtlich beschränkt, können aber stark böige Winde mit sich bringen. Durch große lokale Erwärmung entsteht eine Gewitterwolke (Cumulonimbus), mit oben vereisten Türmen. In gebirgigem Gelände passt sie sich dem Zug der Berge und Täler an.

In unseren Breiten bilden sich solche Wärmegewitter meist im Westen oder Südwesten und ziehen nach Ost bis Nordost. Sie beeinflussen die vorherrschende Wetterlage kaum. Gewitter, die im Osten stehen, brauchen uns kaum mehr zu bekümmern.

Unmittelbar vor einem Gewitter weht ihm der Wind meist entgegen, also aus östlichen Richtungen, dann flaut er häufig ab und springt dann jäh in seiner Richtung um.

Sturmwarnungen

Viele Wassersportreviere haben ein Sturmwarnsystem mit optischen oder auch akustischen Signalen. Meist sind es Blinklichter. Es bedeutet:
- Lange Blinkfolge Vorwarnung.
- Kurze Blinkfolge Sturmwarnung.

Bei Sturmwarnung ist sofort der nächste Hafen oder das Ufer aufzusuchen. Selbstverständlich informiert sich jeder an einem ihm fremden Revier über das dortige Sturmwarnsystem.

Die
10 Goldenen
Regeln

Wohl kaum jemand ist an der Erhaltung einer heilen Umwelt so interessiert wie der Wassersportler, der in und mit der Natur lebt. Im Zeichen wachsenden Umwelt- und Naturschutzbewusstseins setzten sich Vertreter der Wassersportler und Naturschützer zusammen, um die »10 Goldenen Regeln für das Verhalten von Wassersportlern in der Natur« auszuarbeiten. Wie ernst es den Wassersportverbänden mit einem praktizierten Natur- und Tierschutz ist, beweist die Tatsache, dass diese Regeln Bestand der Führerscheinprüfung geworden sind.

1. Meiden Sie das Einfahren in Röhrrichtbestände, Schilfgürtel und in alle sonstigen dicht und unübersichtlich bewachsenen Uferpartien. Meiden Sie darüber hinaus Kies-, Sand- und Schlammbänke (Rast- und Aufenthaltsplatz von Vögeln) sowie Ufergehölze. Meiden Sie auch seichte Gewässer (Laichgebiete), insbesondere solche mit Wasserpflanzen.

2. Halten Sie einen ausreichenden Mindestabstand zu Röhrichtbeständen, Schilfgürteln und anderen unübersichtlich bewachsenen Uferpartien sowie Ufergehölzen – auf breiten Flüssen beispielsweise 30 bis 50 Meter. Halten Sie einen ausreichenden Mindestabstand zu Vogelansammlungen auf dem Wasser – wenn möglich, mehr als 100 Meter.

3. Befolgen Sie in Naturschutzgebieten unbedingt die geltenden Vorschriften. Häufig ist Wassersport in den Naturschutzgebieten ganzjährig, zumindest zeitweise, völlig untersagt oder nur unter ganz bestimmten Bedingungen möglich.

4. Nehmen Sie in »Feuchtgebieten von internationaler Bedeutung« bei der Ausübung von Wassersport besondere Rücksicht. Diese Gebiete dienen als Lebensstätte seltener Tier- und Pflanzenarten und sind daher besonders schutzwürdig.

5. Benutzen Sie beim Landen die dafür vorgesehenen Plätze oder solche Stellen, an denen sichtbar kein Schaden angerichtet werden kann.

6. Nähern Sie sich auch von Land her nicht Schilfgürteln und der sonstigen dichten Ufervegetationen, um nicht in den Lebensraum von Vögeln, Kleintieren und Pflanzen einzudringen und diese zu gefährden.

7. Laufen Sie im Bereich der Watten keine Seehundbänke an, um die Tiere nicht zu stören oder zu vertreiben. Halten Sie mindestens 300 bis 500 Meter Abstand zu Seehundliegeplätzen und Vogelansammlungen, und bleiben Sie hier auf jeden Fall in der Nähe des markierten Fahrwassers. Fahren Sie hier mit langsamer Fahrstufe.

8. Beobachten und fotografieren Sie Tiere möglichst nur aus der Ferne.

9. Helfen Sie, das Wasser sauber zu halten. Abfälle gehören nicht ins Wasser, insbesondere nicht der Inhalt von Chemietoiletten. Diese Abfälle müssen genauso wie Altöle in bestehenden Sammelstellen der Häfen abgegeben werden. Benutzen Sie in Häfen selbst ausschließlich die sanitären Anlagen an Land. Lassen Sie beim Stillliegen den Motor Ihres Bootes nicht unnötig laufen, um die Umwelt nicht zusätzlich durch Lärm und Abgase zu belasten.

10. Machen Sie sich diese Regeln zu eigen, informieren Sie sich vor Ihren Fahrten über die für Ihr Fahrtgebiet bestehenden Bestimmungen. Sorgen Sie dafür, dass diese Kenntnisse und Ihr eigenes vorbildliches Verhalten gegenüber der Umwelt auch an die Jugend und vor allem an nicht organisierte Wassersportler weitergegeben werden.

Die 296 Prüfungsfragen
mit Modellantworten

Die zur theoretischen Prüfung verwendeten amtlichen Fragebogen des Bundesministeriums für Verkehr, Bau- und Wohnungswesen enthalten diese 296 Fragen. Für den »Allgemeinen Teil« sind 15 Bogen von je 22 Fragen vorgesehen, für den Teil »Antriebsmaschine« 10 Bogen von je 8 Fragen. Es handelt sich also um insgesamt 30 Fragen auf zwei Bögen, ausgewählt aus diesem Fragenkatalog und unterschiedlich miteinander kombiniert. Neben jeder Frage finden Sie hier die offizielle Antwort. Sie soll Ihnen, bei der schriftlichen Prüfung, die Formulierung der Antwort

erleichtern. Es ist also durchaus nicht erforderlich, die Antworten auswendig zu lernen, denn sie brauchen nicht wörtlich wiedergegeben zu werden. Die Fragen müssen nur sinngemäß richtig beantwortet werden. Prüfende, die das Gegenteil behaupten, irren sich.

Überprüfen Sie anhand der Antworten Ihr Führerscheinwissen nach der altbewährten Methode: Zunächst die Antworten abdecken und erst nachsehen, wenn man's nicht weiß. Die Punkte zeigen an, wie die einzelnen Antworten bewertet werden.

Allgemeiner Teil

Allgemeines

1 ●●●
Welches sind die wichtigsten Verordnungen zur Regelung des Verkehrs auf den Binnenschifffahrtsstraßen?

Binnenschifffahrtsstraßen-Ordnung
Rheinschifffahrtspolizei-verordnung
Moselschifffahrtspolizei-verordnung
Donauschifffahrtspolizei-verordnung
Wassermotorräder-Verordnung
Wasserski-Verordnung

2 ●●
In welchen Vorschriften sind die Gewässer, auf denen die Binnenschifffahrtsstraßen-Ordnung mit den jeweiligen Sondervorschriften gilt, aufgeführt?

Im Teil II der Binnenschifffahrtsstraßen-Ordnung und den dazu erlassenen Regelungen für vorübergehende Abweichungen (Drei-Jahres-Verordnung).

3 ●●●
Welche Verpflichtung haben Sie, wenn Sie ein Ihnen unbekanntes Revier befahren wollen?

1. Ich informiere mich über die dort geltenden Vorschriften, Fahrwasserbezeichnungen, Sonderregelungen.
2. Ich beschaffe mir das erforderliche Kartenmaterial.

4 ●●●
Weshalb muss sich der Schiffsführer vor dem Befahren fremder Gewässer über die dort geltenden Vorschriften informieren?

Damit er die dort möglichen Abweichungen der Verkehrs-, Führerschein- und Zulassungsvorschriften, sowie mögliche Fahrverbote für Teile der Wasserflächen oder zu bestimmten Zeiten berücksichtigen kann.

5 ●●
Wo kann man Verkehrsbeschränkungen erfahren und nähere Informationen über bestimmte Binnenschifffahrtsstraßen erhalten?

Bei den Dienststellen der Wasser- und Schifffahrtsverwaltung und der Wasserschutzpolizei.

6 ●
Bei welchen Dienststellen erhalten Sie nähere Informationen über Sondervorschriften auf bestimmten Wasserstraßen?

Bei den Dienststellen der Wasser- und Schifffahrtsverwaltung und der Wasserschutzpolizei.

7 ●●
Wer überwacht die Befolgung der schifffahrtspolizeilichen Vorschriften?

Die Wasserschutzpolizei.
Die Wasser- und Schifffahrtsverwaltung.

8 ●
Wer ist auf einem Fahrzeug für die Befolgung der schifffahrtspolizeilichen Vorschriften verantwortlich?

Der Schiffsführer.

9 ●

Was ist zu tun, wenn vor Antritt der Fahrt nicht feststeht, wer Schiffsführer ist?

Wenn nicht feststeht, wer Schiffsführer ist und wenn mehrere Personen zum Führen eines Fahrzeuges berechtigt sind, haben sie vor Antritt der Fahrt zu bestimmen, wer verantwortlicher Schiffsführer ist.

10 ●

Wie hat sich ein Schiffsführer zu verhalten, wenn er durch Übermüdung, Einwirkung von Alkohol, Medikamenten oder Drogen beeinträchtigt ist?

Er darf das Fahrzeug nicht führen.

11 ●●●

Wie lauten die Grundregeln für das Verhalten im Verkehr auf den Binnenschifffahrtsstraßen?

Alle Verkehrsteilnehmer haben Vorsichtsmaßregeln zur sicheren Führung des Fahrzeuges zu treffen, damit kein anderer geschädigt, gefährdet oder mehr als nach den Umständen unvermeidbar behindert oder belästigt wird.

12 ●●●

Wann darf man von den Grundregeln für das Verhalten im Verkehr auf den Binnenschifffahrtsstraßen abweichen?

Bei unmittelbar drohender Gefahr müssen die Schiffsführer alle Maßnahmen treffen, die die Umstände gebieten, auch wenn sie dadurch gezwungen sind, von den geltenden Bestimmungen abzuweichen.

13 ●●

Wozu ist der Schiffsführer jedes Fahrzeuges verpflichtet, wenn sich in seiner Nähe ein Unfall ereignet?

Jeder Schiffsführer ist verpflichtet, unverzüglich Hilfe zu leisten, so weit das mit der Sicherheit seines eigenen Fahrzeuges zu vereinbaren ist. Er ist als Beteiligter auch verpflichtet, die Feststellung seiner Person, seines Fahrzeuges und der Art seiner Beteiligung zu ermöglichen.

14 ●●

Wie hat sich der Schiffsführer bei einem Unfall mit drohender Gefahr für die Sicherheit der an Bord befindlichen Personen zu verhalten?

Der Schiffsführer muss alle Maßnahmen treffen, die die Umstände zur Abwendung der Gefahr erfordern.

15 ●●●

Wie verhalten Sie sich nach einem Zusammenstoß?

Grundsätzlich erste Hilfe leisten, Fahrzeug aus dem Fahrwasser bringen, erforderliche Daten beteiligter Personen und Fahrzeuge notieren. Erforderlichenfalls Wasserschutzpolizei oder andere zuständige Stellen verständigen.

16 ●●●

Worauf ist bei Hochwasser besonders zu achten?

1. Eventuelle Geschwindigkeitsbegrenzungen.
2. Eventuelle Begrenzung der Fahrwasserbreite.
3. Sprechfunk auf Empfang schalten.
4. Eventuelles Fahrverbot beachten, insbesondere bei Überschreiten der Hochwassermarke, ohne Sprechfunk (Rhein, Oder).

17 ●

Bis zu welcher Länge gilt auf den Binnenschifffahrtsstraßen ein Sportboot als Kleinfahrzeug?

Weniger als 20 m Länge.

18 ●

Wann gilt ein Sportboot nach der Binnenschifffahrtsstraßen-Ordnung nicht mehr als Kleinfahrzeug?

Wenn es 20 m oder länger ist.

19 ●●●

Wann ist ein Fahrzeug »in Fahrt«?

Wenn es weder vor Anker liegt noch am Ufer festgemacht ist noch festgefahren ist.

20 ●

Wann gilt ein Segelfahrzeug als Maschinenfahrzeug?

Wenn es unter Segel und mit Motor oder nur mit Motor fährt.

21 ●
Welche Seite wird als Luv-seite bezeichnet?

Die dem Wind zugekehrte Seite.

22 ●
Welche Seite wird als Lee-seite bezeichnet?

Die dem Wind abgekehrte Seite.

23 ●●●
Was verstehen Sie
1. unter unsichtigem Wetter?
2. unter Nacht?

1. Sichtbeeinträchtigung durch Nebel, Schneefall, heftige Regengüsse oder ähnliche Umstände.
2. Den Zeitraum von Sonnen-untergang bis Sonnenauf-gang.

24 ●●●
Welche Kennzeichnungsarten für Sportboote gibt es?

1. Amtliche Kennzeichen.
2. Amtlich anerkannte Kenn-zeichen.
3. Für Boote, die nicht kenn-zeichnungspflichtig sind, auch Kennzeichnung mit seinem Namen und dem Namen und der Anschrift des Eigentümers.

25 ●
Welche Stelle ist für die Zuteilung eines amtlichen Kennzeichens für Sportboote zuständig?

Jedes Wasser- und Schiff-fahrtsamt.

26 ●●
Woraus bestehen die amtlich anerkannten Kennzeichen?

1. Nummer des Internationalen Bootsscheins,
2. gefolgt vom Kennbuch-staben der ausstellenden Organisation.

27 ●●
Wie muss die Kennzeichnung an einem Sportboot ange-bracht werden?

Beidseits des Bugs oder am Heck, 10 cm hohe Schrift (lateinische Buchstaben, arabische Ziffern) in dunkler Farbe auf hellem Grund oder in heller Farbe auf dunklem Grund.

28 ●
Wann muss ein Wassersport-fahrzeug in das Binnen-schiffsregister eingetragen werden?

Ab 10 m³ Wasserverdrängung.

29 ●●
Welche Papiere muss der Führer eines Sportbootes unter Antriebsmaschine mit mehr als 3,68 kW mit sich führen?

1. Den Führerschein.
2. Den Nachweis über die Kennzeichnung.

30 ●●
Welche fernmelderechtlichen Voraussetzungen sind bei Sprechfunkanlagen zu beach-ten?

1. Die Anlage muss zugelassen sein und der Regionalen Vereinbarung über den Binnenschifffahrtsfunk entsprechen.
2. Die Anlage darf nur eine Person mit Sprechfunkzeug-nis bedienen.

31 ●
Sie haben Sprechfunk an Bord; was unternehmen Sie bei Annäherung an eine Schleuse?

Entsprechenden Kanal schalten und bei der Schleuse melden.

32 ●●●
Was ist beim Anlaufen von Häfen zu beachten?

1. Hafenpolizeiverordnung.
2. Sog- und Wellenschlag vermeiden.
3. Geschwindigkeitsbe-grenzungen beachten.
4. Eventuell erforderliche Genehmigung einholen.

33 ●●
Warum ist in den Kanälen das Ankern verboten?

Um eine Beschädigung des Kanalbettes zu vermeiden und um den Schiffsverkehr nicht zu behindern.

34 ●●●
Für welche Sportboote ist der Sportbootführerschein Bin-nen gesetzlich vorgeschrie-ben?

Für Sportboote von mehr als 3,68 kW (5 PS) Motorleistung und weniger als 15 m Länge. Auf bestimmten Gewässern im Großraum Berlin für alle Sportboote mit Maschinen-antrieb und für Segelfahrzeuge und Segelsurfbretter mit mehr als 3 m² Segelfläche.

35 ●
Auf welchen Gewässern gilt der Sportbootführerschein Binnen?

Auf den Binnenschifffahrts-straßen.

36 ●●
Wann wird der Sportbootführerschein Binnen entzogen?

Wenn der Inhaber nicht mehr tauglich ist oder sich durch sein Verhalten im Verkehr als unzuverlässig erwiesen hat.

Tag- und Nachtbezeichnung der Fahrzeuge und schwimmenden Geräte

37 ●●
Welchen Sichtwinkel und welche Farbe haben die einzelnen Bordlichter?

Topplicht: weiß 225°
Seitenlichter:
Backbord rot 112° 30'
Steuerbord grün 112° 30'
Hecklicht: weiß 135°

38 ●
Wann müssen die vorgeschriebenen Lichter von Fahrzeugen geführt werden?

Bei Nacht und unsichtigem Wetter.

39 ●
Welche Bordlichter dürfen auf Sportbooten verwendet werden?

Nur solche Lichter, deren Baumuster vom BSH oder DHI zur Verwendung auf Binnen- oder Seeschifffahrtsstraßen zugelassen sind.

40 ●
Welchen Anforderungen müssen die Bordlichter entsprechen?

Sie müssen die Baumusterprüfung des BSH oder DHI haben.

41 ●●
Sie sehen unten stehende Lichter. Welches Fahrzeug erkennen Sie?

Fahrzeug mit Maschinenantrieb in Fahrt von vorn.

*)

42 ●●
Sie sehen unten stehende Lichter. Welches Fahrzeug erkennen Sie?

Fahrzeug mit Maschinenantrieb in Fahrt von Steuerbordseite.

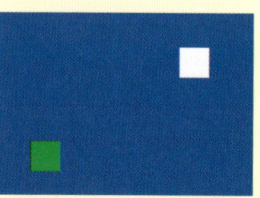

43 ●
Sie sehen unten stehende Lichter. Welches Fahrzeug erkennen Sie?

1. Einzeln fahrendes Fahrzeug mit Maschinenantrieb über 110 m Länge von vorn.
2. Das erste Fahrzeug eines Schleppverbandes (Schlepper) von vorn.

44 ●●●
Woran erkennen Sie Anfang und Ende eines Schleppverbandes:
1. bei Tag?
2. bei Nacht?

1. Bei Tag erstes Fahrzeug einen gelben Zylinder, letztes Fahrzeug einen gelben Ball.
2. Bei Nacht erstes Fahrzeug zwei weiße Topplichter übereinander und gelbes Hecklicht, letztes Fahrzeug ein weißes Rundumlicht und ein weißes Hecklicht.

45 ●●
Was bedeuten unten stehende Tagsignale?

1. Erstes Fahrzeug eines Schleppverbandes,
2. Fahrzeuge, die geschleppt werden.

*) Viereckige Lichterdarstellung = Sektorenlichter;
runde Darstellungen = Rundumlichter

46 ●●●
Welche Lichter führt ein Schubverband?

Drei weiße Topplichter in einem Dreieck angebracht, die Seitenlichter (Backbord rot/ Steuerbord grün), drei weiße Hecklichter waagerecht nebeneinander.

47 ●●
Sie sehen unten stehende Lichter.
Welches Fahrzeug erkennen Sie?

Schubverband in Fahrt von vorn.

48 ●
Sie sehen vor sich unten stehende Lichter.
Welches Fahrzeug erkennen Sie?

Vorausfahrender Schubverband.

49 ●●
Sie sehen vor sich unten stehende Lichter.
Welches Fahrzeug erkennen Sie?

Vorausfahrender Schubverband, der geschleppt wird.

50 ●
Sie sehen ein Fahrzeug, das unten stehende Lichter gesetzt hat;
um welches Fahrzeug handelt es sich?

Eine nicht frei fahrende Fähre.

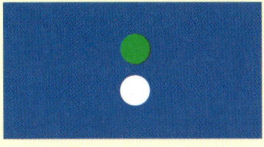

51 ●
Sie sehen ein Fahrzeug, das unten stehende Lichter gesetzt hat;
um welches Fahrzeug handelt es sich?

Eine frei fahrende Fähre von vorn.

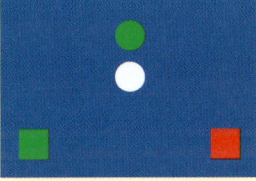

52 ●●●
Welche Lichter müssen motorisierte Kleinfahrzeuge führen, und wie müssen diese Lichter angebracht sein? Tragen Sie die drei Möglichkeiten unter Angabe der Farben und Sichtwinkel ein.

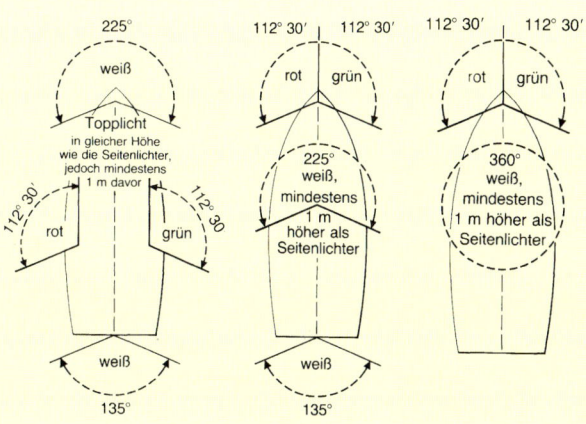

53 ●●●
Welche drei Möglichkeiten der Lichterführung gibt es auf Binnenschifffahrtsstraßen für Kleinfahrzeuge unter Segel?

1. Ein weißes, von allen Seiten sichtbares Licht.
   Bei Annäherung an andere Fahrzeuge ist ein zweites Licht zu zeigen, oder
2. Seitenlichter am oder nahe am Bug und Hecklicht, oder
3. Dreifarbenlampe im Topp.

54 ●
Welche Lichter müssen Kleinfahrzeuge ohne Maschinenantrieb mindestens führen?

Ein weißes, von allen Seiten sichtbares Licht.

55 ●●●
Sie sehen voraus im Fahrwasser unten stehende Lichter. Was bedeuten diese Lichter, und wie verhalten Sie sich?

Schwimmendes Gerät bei der Arbeit oder ein festgefahrenes oder gesunkenes Fahrzeug. Vorbeifahrt an jeder Seite gestattet. Sog und Wellenschlag vermeiden.

56 ●●●
Sie sehen voraus im Fahrwasser unten stehende Zeichen. Was bedeuten diese Zeichen, und wie verhalten Sie sich?

Schwimmendes Gerät bei der Arbeit oder ein festgefahrenes oder gesunkenes Fahrzeug. Vorbeifahrt an jeder Seite gestattet. Sog und Wellenschlag vermeiden.

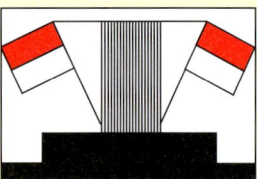

57 ●●●
Sie sehen voraus im Fahrwasser unten stehende Lichter. Was bedeuten diese Lichter, und wie verhalten Sie sich?

Schwimmendes Gerät bei der Arbeit oder ein festgefahrenes oder gesunkenes Fahrzeug. Vorbeifahrt nur an der rot-weißen Seite gestattet; rote Seite gesperrt. Sog und Wellenschlag vermeiden.

58 ●●●
Sie sehen voraus im Fahrwasser unten stehende Zeichen. Was bedeuten diese Zeichen, und wie verhalten Sie sich?

Schwimmendes Gerät bei der Arbeit oder ein festgefahrenes oder gesunkenes Fahrzeug. Vorbeifahrt nur an der rot-weißen Seite gestattet; rote Seite gesperrt. Sog und Wellenschlag vermeiden.

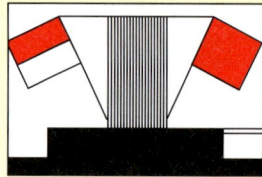

59 ●●
Sie sehen voraus im Fahrwasser unten stehende Lichter. Was bedeuten diese Lichter, und wie verhalten Sie sich?

Schwimmendes Gerät bei der Arbeit. Vorbeifahrt nur an den grünen Lichtern gestattet; rote Seite gesperrt.

60 ●●
Sie sehen voraus im Fahrwasser unten stehende Zeichen.
Was bedeuten diese Zeichen, und wie verhalten Sie sich?

Schwimmendes Gerät bei der Arbeit. Vorbeifahrt nur an den grünen Doppelkegeln gestattet; rote Seite gesperrt.

61 ●●
Sie sehen voraus im Fahrwasser unten stehende Zeichen.
Was bedeuten diese Zeichen, und wie verhalten Sie sich?

Schwimmendes Gerät bei der Arbeit. Vorbeifahrt nur an der grün-weiß-grünen Tafel gestattet; rot-weiß-rot gesperrt.

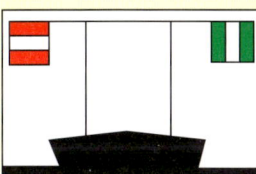

62 ●●
Sie sehen voraus im Fahrwasser unten stehende Lichter.
Was bedeuten diese Lichter, und wie verhalten Sie sich?

Schwimmendes Gerät bei der Arbeit. Vorbeifahrt an jeder Seite gestattet. Möglichst Sog und Wellenschlag vermeiden.

63 ●●
Sie sehen voraus im Fahrwasser unten stehende Zeichen.
Was bedeuten diese Zeichen, und wie verhalten Sie sich?

Schwimmendes Gerät bei der Arbeit. Vorbeifahrt an jeder Seite gestattet. Möglichst Sog und Wellenschlag vermeiden.

64 ●●
Sie sehen voraus im Fahrwasser unten stehende Zeichen.
Was bedeuten diese Zeichen, und wie verhalten Sie sich?

Schwimmendes Gerät bei der Arbeit. Vorbeifahrt an jeder Seite gestattet. Möglichst Sog und Wellenschlag vermeiden.

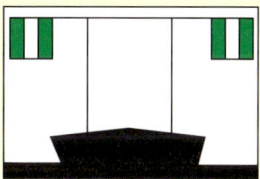

65 ●
Sie sehen auf einem Fahrzeug ein blaues Funkellicht. Um welches Fahrzeug handelt es sich?

Fahrzeuge der Überwachungsbehörden und Feuerlöschboote oder Wasserrettungsfahrzeug im Einsatz.

66 ●
Sie sehen auf einem Fahrzeug ein blaues Licht. Welche Bedeutung hat dieses Licht?

Fahrzeug hat entzündbare Stoffe geladen. Mindestabstand beim Stillliegen 10 m.

67 ●
Welche Bedeutung hat unten stehendes Zeichen?

Fahrzeug hat entzündbare Stoffe geladen. Mindestabstand beim Stillliegen 10 m.

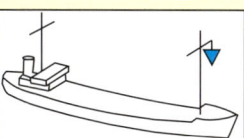

68 ●
Sie sehen auf einem Fahrzeug zwei blaue Lichter übereinander. Welche Bedeutung haben diese Lichter?

Fahrzeug hat gesundheitsschädliche Stoffe geladen. Mindestabstand beim Stillliegen 50 m.

69 ●
Welche Bedeutung haben unten stehende Zeichen?

Fahrzeug hat gesundheitsschädliche Stoffe geladen. Mindestabstand beim Stillliegen 50 m.

70 ●
Sie sehen auf einem Fahrzeug drei blaue Lichter übereinander. Welche Bedeutung haben diese Lichter?

Fahrzeug hat explosive Stoffe geladen. Mindestabstand beim Stillliegen 100 m.

71 ●
Welche Bedeutung haben unten stehende Zeichen?

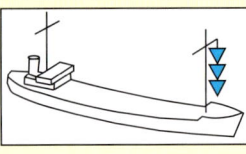

Fahrzeug hat explosive Stoffe geladen. Mindestabstand beim Stillliegen 100 m.

72 ●
Welches Fahrzeug führt am Bug einen roten Wimpel?

Fahrzeug mit Vorrang z. B. beim Schleusen.

73 ●
Welche Bedeutung hat der rote Wimpel?

Fahrzeug mit Vorrang z. B. beim Schleusen.

74 ●●
Sie sehen auf einem Fahrzeug unter Segel einen schwarzen Kegel, Spitze nach unten. Was bedeutet dieses Zeichen?

Das Fahrzeug fährt unter Segel und Motor und gilt als Maschinenfahrzeug.

75 ●●
Ein Fahrzeug zeigt an der Steuerbordseite seines Ruderhauses eine blaue Tafel mit weißem Funkellicht. Welche Bedeutung hat dieses Zeichen?

Fahrzeuge begegnen sich an Steuerbord. Dieses Zeichen gilt nicht für Kleinfahrzeuge, verpflichtet aber zu erhöhter Aufmerksamkeit.

76 ●●
Auf einem entgegenkommenden Fahrzeug sehen Sie über oder nahe dem grünen Seitenlicht ein weißes Funkellicht. Welche Bedeutung hat dieses Licht?

Fahrzeuge begegnen sich an Steuerbord. Dieses Zeichen gilt nicht für Kleinfahrzeuge, verpflichtet aber zu erhöhter Aufmerksamkeit.

77 ●●●
Sie fahren nachts hinter einem Fahrzeug der gewerblichen Schifffahrt zu Tal, das plötzlich an Steuerbord ein weißes Funkellicht zeigt.
1. Was bedeutet dieses Licht?
2. Wie verhalten Sie sich?

1. Begegnung mit einem Bergfahrer Steuerbord an Steuerbord.
2. Hinter dem Talfahrer bleiben, nicht überholen.

78 ●●●
Sie fahren hinter einem Fahrzeug der gewerblichen Schifffahrt in den Schleusenvorhafen ein. Aus der Schleusenkammer kommt ein Schiff, das an Steuerbord eine blaue Tafel mit einem weißen Funkellicht zeigt. Was bedeutet dieses Zeichen?

Das aus- und das einfahrende Fahrzeug passieren sich an Steuerbordseite.

79 ●
Welches Licht setzt ein vor Anker liegendes Fahrzeug?

Ein weißes, von allen Seiten sichtbares Licht auf der Fahrwasserseite.

80 ●
Sie sehen auf einem stillliegenden Fahrzeug zwei weiße Lichter übereinander. Welche Bedeutung haben diese Lichter?

Ein Ankerlieger, dessen Anker die Schifffahrt gefährden kann.

81 ●●
Sie sehen nachts auf der Wasserstraße ein weißes Licht. Um was handelt es sich?

1. Um ein stillliegendes Fahrzeug.
2. Um ein schwimmendes Gerät, dessen Anker die Schiffahrt gefährden kann.
3. Um das Hecklicht eines Vorausfahrenden.
4. Um ein Ruder- oder Segelboot, geschlepptes oder gekuppeltes Kleinfahrzeug.

82 ●
Wie sind Anker am Tage bezeichnet, die die Schifffahrt behindern können?

Mit einem gelben Döpper.

Sichtzeichen im Fahrwasser, am Ufer, an Brücken und an Schleusen

83 ●
Wie werden die Uferseiten – rechtes, linkes Ufer – bezeichnet?

Bei Flüssen in Fließrichtung.

84 ●
Welche Zeichen begrenzen die Fahrrinne zum rechten Ufer?

Rote Stumpftonnen oder Schwimmstangen, evtl. mit rotem Zylinder als Toppzeichen.

85 ●
Welche Zeichen begrenzen die Fahrrinne zum linken Ufer?

Grüne Spitztonnen oder Schwimmstangen, evtl. mit grünem Kegel, Spitze nach oben als Toppzeichen.

86 ●●
Welche Fahrrinnenseite eines strömenden Gewässers hat ein Bergfahrer an seiner Steuerbordseite, und wie ist diese gekennzeichnet?

Die linke Fahrrinnenseite, gekennzeichnet durch grüne Spitztonnen.

87 ●●
Sie fahren zu Tal. Voraus haben Sie eine rote, stumpfe Tonne.
1. Auf welcher Fahrrinnenseite befindet sich diese Tonne?
2. Auf welcher Schiffsseite lassen Sie diese Tonne bei der Vorbeifahrt liegen?

1. Auf der rechten Fahrrinnenseite.
2. An meiner Steuerbordseite.

88 ●●
Sie fahren zu Berg. Voraus haben Sie eine rote, stumpfe Tonne.
1. Auf welcher Fahrrinnenseite befindet sich diese Tonne?
2. Auf welcher Schiffsseite lassen Sie diese Tonne bei der Vorbeifahrt liegen?

1. Auf der rechten Fahrrinnenseite.
2. An meiner Backbordseite.

89 ●●
Sie fahren in der Fahrrinne gegen den Strom. Voraus haben Sie eine grüne Spitztonne.
1. Auf welcher Fahrrinnenseite befindet sich diese Tonne?
2. Auf welcher Schiffsseite lassen Sie diese Tonne bei der Vorbeifahrt liegen?

1. Auf der linken Fahrrinnenseite.
2. An meiner Steuerbordseite.

90 ●
Was bedeutet eine grün-rot gestreifte Tonne oder Schwimmstange?

Fahrrinnenspaltung.

91 ●●
Mit welchen Zeichen werden Hindernisse (Buhnen etc.) am rechten Ufer bezeichnet?

Stangen oder rot-weiß gestreifte Schwimmstangen mit rotem Kegel, Spitze nach unten, oder rote Tonnen mit rot-weiß gestreiftem Aufsatz.

92 ●
Sie sehen voraus eine grün-weiß gestreifte Schwimmstange mit grünem Kegel, Spitze nach oben, oder eine grüne Tonne mit grün-weiß gestreiftem Aufsatz. An welcher Uferseite befinden sich diese Zeichen?

An der linken Uferseite.

93 ●●
Welche Bedeutung haben gelbe Tonnen vor Brückenpfeilern?

Es sind Tonnen mit einem Radarreflektor zur Kenntlichmachung der Brückenpfeiler auf dem Radarschirm.

94 ●●
Warum muss von den ausgelegten Tonnen ein ausreichender Sicherheitsabstand eingehalten werden?

Weil die Tonnen durch Wasserstandsschwankungen, Wind- oder Strömungseinwirkung ihre Lage ändern können.

95 ●

Sie sehen an einer Brücke unten stehende Tafel.
Welche Bedeutung hat diese Tafel?

Empfohlene Durchfahrt in beiden Richtungen.

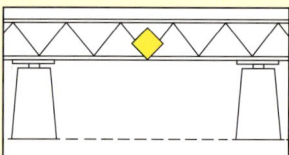

96 ●●

Sie sehen an einer Brücke unten stehende Tafeln.
Welche Bedeutung haben diese Tafeln?

Empfohlene Durchfahrt. In der Gegenrichtung gesperrt.

 oder

97 ●

Sie sehen an einer Brücke unten stehende Tafel.
Welche Bedeutung hat diese Tafel?

Durchfahrt durch diese Brückenöffnung ist für alle Fahrzeuge gesperrt.

98 ●

Sie sehen an einer Brücke unten stehende Tafeln.
Welche Bedeutung haben diese Tafeln?

Die Brückenöffnung darf nur zwischen diesen Tafeln durchfahren werden.

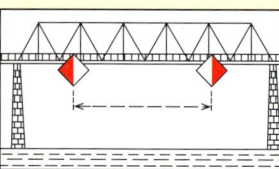

99 ●●

Sie kommen am Tage an die unten stehend gekennzeichnete Brücke.
Welche Bedeutung haben diese Tafeln?

Gelb: Empfohlene Durchfahrt mit Gegenverkehr.
Rot/weiß: Seitliche Begrenzung der erlaubten Brückendurchfahrt.

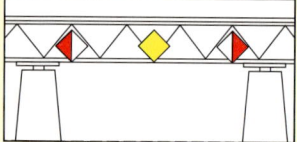

100 ●●

Sie kommen am Tage an die unten stehend gekennzeichnete Brücke.
Was bedeuten diese Tafeln, und wo fahren Sie durch?

1. Durchfahrt ohne Gegenverkehr.
2. Verbot der Durchfahrt.

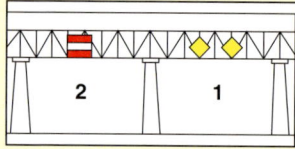

101 ●

Sie sehen am Ufer unten stehendes Zeichen.
Welche Bedeutung hat dieses Zeichen?

Hinweis auf eine nicht frei fahrende Fähre.

102 ●●

Auf einem Fahrzeug oder in Ufernähe sehen Sie eine rot-weiße Flagge.
Was bedeutet diese Flagge, und wie verhalten Sie sich?

Schutzbedürftiges Fahrzeug oder schutzbedürftige Anlage. Geschwindigkeit vermindern. Sog und Wellenschlag vermeiden.

103 ●●●

Welche Bedeutung hat die Tag- und Nachtbezeichnung dieser Fahrzeuge?

Schutzbedürftiges Fahrzeug oder schutzbedürftige Anlage. Vorbeifahrt in möglichst weitem Abstand. Geschwindigkeit vermindern. Sog und Wellenschlag vermeiden.

104 ●
**Sie sehen unten stehendes -
Zeichen:
Welche Bedeutung hat
dieses Zeichen?**

Sog und Wellenschlag vermeiden.

105 ●●
**Sie befinden sich auf einer
Binnenschifffahrtsstraße
und sehen unten stehendes
Zeichen:
1. Welche Bedeutung hat
   das Zeichen?
2. Welche Lichter haben die
   gleiche Bedeutung?**

1. Sog und Wellenschlag
   vermeiden.
2. Rotes über weißem Licht.

106 ●●●
**Sie befinden sich nachts
auf einer Binnenschifffahrtsstraße und sehen unten
stehende Lichter.
1. Was bedeuten diese
   Lichter?
2. Wie ist das Tagsignal?**

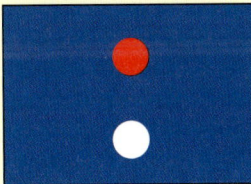

1. Sog und Wellenschlag
   vermeiden.
2. Rot-weiße Flagge/Tafel
   oder Tafel mit Wellen-
   linien.

107 ●●●
**Sie sehen unten stehende
Tafeln.
Welche Bedeutung haben
diese Tafeln?**

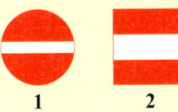

1   2

1. Gesperrte Wasserfläche;
   jedoch für Kleinfahrzeuge
   ohne Antriebsmaschine
   befahrbar.
2. Gesperrt für alle
   Fahrzeuge.

108 ●●
**Sie sehen unten stehende
Tafel.
Welche Bedeutung hat diese
Tafel?**

Schifffahrtssperre. Verbot
der Durchfahrt für alle Fahrzeuge.

109 ●●
**Sie sehen an der Einfahrt zu
einer Wasserfläche unten
stehende Tafel.
Welche Bedeutung hat diese
Tafel?**

Wasserfläche gesperrt.
Ausgenommen Kleinfahr-
zeuge ohne Antriebs-
maschine.

110 ●
**Wie können geschützte
Badezonen gekennzeichnet
sein?**

Durch gelbe Bojen oder
Tonnen.

111 ●●
**Wie verhalten Sie sich in
unmittelbarer Nähe von
Badeanstalten?**

Abstand halten, auf Schwimmer außerhalb der Badean-
stalt achten. Sog und Wellenschlag vermeiden.

112 ●
**Sie sehen an einer Schleuse
unten stehende Lichter.
Welche Bedeutung haben
diese Lichter?**

Keine Einfahrt.
Schleuse geschlossen.

113 ●
**Sie sehen an einer Schleuse
unten stehende Lichter.
Welche Bedeutung haben
diese Lichter?**

Keine Einfahrt.
Schleuse außer Betrieb.

114 ●
Sie sehen an einer Schleuse ein oder zwei grüne Lichter. Welche Bedeutung hat dieses Licht bzw. haben diese Lichter?

Einfahrt bzw. Ausfahrt frei.

115 ●
Sie sehen an einer Schleuse ein rotes oder ein rotes und ein grünes Licht. Welche Bedeutung haben diese Lichter?

Keine Einfahrt, Öffnung der Schleuse wird vorbereitet.

116 ●
Sie sehen vor einer Schleuse unten stehende Tafel. Welche Bedeutung hat diese Tafel?

Vor dieser Tafel anhalten, bis Weiterfahrt freigegeben wird.

117 ●
Sie sehen unten stehende Tafel. Welche Bedeutung hat diese Tafel?

Vorgeschriebene Fahrtrichtung.

118 ●
Sie sehen unten stehendes Zeichen. Welche Bedeutung hat dieses Zeichen, wenn das rote Licht brennt?

Verbot der Einfahrt in einen Hafen oder eine Nebenwasserstraße.

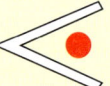

119 ●
Sie sehen unten stehende Tafel. Welche Bedeutung hat diese Tafel?

Die Zahl gibt den Abstand in Metern an, in dem man sich vom Ufer entfernt halten soll.

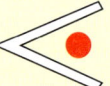

120 ●●
Sie sehen unten stehende Tafel. Welche Bedeutung hat diese Tafel?

Die in Stundenkilometern angegebene Geschwindigkeit gegenüber dem Ufer darf nicht überschritten werden.

121 ●
Sie sehen unten stehende Tafel. Welche Bedeutung hat diese Tafel?

Besondere Vorsicht walten lassen.

122 ●●
Sie sehen unten stehende Tafel. Welche Bedeutung hat diese Tafel?

1. Überholen verboten.
2. Es gilt nicht für Kleinfahrzeuge, verpflichtet aber zu erhöhter Aufmerksamkeit.

123 ●●
Sie sehen unten stehende Tafel. Welche Bedeutung hat diese Tafel?

Begegnen und Überholen verboten. Es gilt nicht für Kleinfahrzeuge, verpflichtet aber zu erhöhter Aufmerksamkeit.

124 ●
Sie sehen unten stehende Tafel. Welche Bedeutung hat diese Tafel?

Wendeverbot.

125 ●●
Gilt für Kleinfahrzeuge ein durch Schifffahrtszeichen angezeigtes
1. Wendeverbot?
2. Überholverbot?

1. Ja.
2. Nein.

126 ●
Sie sehen unten stehende Tafel.
Welche Bedeutung hat diese Tafel?

Ende eines Ge- oder Verbotes bzw. einer Einschränkung in einer Fahrtrichtung.

127 ●●
Sie sehen unten stehende Tafeln.
Welche Bedeutung haben diese Tafeln?

1. Ankerverbot,
2. Festmacheverbot
jeweils auf der Seite der Wasserstraße, auf der die betreffende Tafel steht.

128 ●
Sie sehen unten stehende Tafel.
Welche Bedeutung hat diese Tafel?

Ankerverbot auf der Seite der Wasserstraße, auf der diese Tafel steht, und zwar von 50 m oberhalb bis 50 m unterhalb der Tafel.

129 ●
Sie sehen unten stehende Tafel.
Welche Bedeutung hat diese Tafel?

Festmacheverbot auf der Seite der Wasserstraße, auf der die Tafel steht.

130 ●
Sie sehen unten stehende Tafel.
Welche Bedeutung hat diese Tafel?

Liegeverbot auf der Seite der Wasserstraße, auf der die Tafel steht.

131 ●
Sie sehen unten stehende Tafeln.
Welche Bedeutung haben diese Tafeln?

Liegeverbot zwischen den Tafeln auf 1000 m auf der Seite der Wasserstraße, auf der sie stehen.

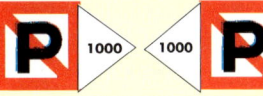

132 ●●
Sie sehen unten stehende Tafel.
Welche Bedeutung hat diese Tafel, und was ist zugleich verboten?

Empfohlener Wendeplatz. Stillliegen für alle Fahrzeuge verboten.

133 ●
An einer verbreiterten Stelle einer sonst engen Schifffahrtsstraße steht ein blaues Hinweisschild »Empfohlener Wendeplatz.« Was ist hier zugleich verboten?

Stillliegen (Ankern und Festmachen).

134 ●
Was bedeutet unten stehende Tafel?

Wehr.

135 ●
Liegeplätze können u. a. mit unten stehenden Tafeln bezeichnet sein. Bei welcher Tafel darf ein Kleinfahrzeug anlegen?

Nur bei Tafel 2.

136 ●
Liegeplätze können u. a. mit unten stehenden Tafeln bezeichnet sein. Bei welcher Tafel darf ein Kleinfahrzeug anlegen?

Nur bei Tafel 3.

Schallsignale

die auch von Kleinfahrzeugen gegeben werden dürfen

137 ●
Wie lang ist ein „kurzer Ton"?

Etwa eine Sekunde.

138 ●
Wie lang ist ein „langer Ton"?

Etwa vier Sekunden.

139 ●
Was bedeutet ein langer Ton?

Achtung.

140 ●
Was bedeutet ein kurzer Ton?

Kursänderung nach Steuerbord.

141 ●
Was bedeuten zwei kurze Töne?

Kursänderung nach Backbord.

142 ●
Was bedeuten drei kurze Töne?

Maschine geht rückwärts.

143 ●●
Was bedeuten vier kurze Töne?

Fahrzeug ist manövrier-unfähig.

Schallsignale

die ausschließlich von der gewerblichen Schifffahrt gegeben werden

144 ●
Was bedeuten fünf kurze Töne?

Überholen nicht möglich.

145 ●
Was bedeutet unten stehendes Schallsignal?

Wenden über Steuerbord.

▬ ●

146 ●
Was bedeutet unten stehendes Schallsignal?

Wenden über Backbord.

▬ ● ●

147 ●●
Was bedeutet unten stehendes Schallsignal?

Überholen an der Steuerbord-seite des Vorausfahrenden.

▬ ▬ ●

148 ●●
Was bedeutet unten stehendes Schallsignal?

Überholen an der Backbord-seite des Vorausfahrenden.

▬ ▬ ● ●

149 ●●
Was bedeutet unten stehendes Schallsignal?

Hafen oder Nebenwasserstraße. Ein- oder Ausfahrt mit Kurs-änderung nach Steuerbord.

▬ ▬ ▬ ●

150 ●●
Was bedeutet unten stehendes Schallsignal?

Hafen oder Nebenwasserstraße. Ein- oder Ausfahrt mit Kurs-änderung nach Backbord.

▬ ▬ ▬ ● ●

151 ●●
Sie hören bei verminderter Sicht dreimal drei Töne in verschiedener Höhe. Welche Bedeutung hat dieses Signal?

Talfahrer, der mit Radarhilfe fährt.

152 ●
Sie hören eine Folge sehr kurzer Töne. Was bedeutet dieses Schallsignal?

Gefahr eines Zusammenstoßes.

153 ●●●
Sie hören eine Reihe von Tönen, abwechselnd kurz-lang-kurz-lang mit entsprechendem Lichtsignal. Was bedeuten diese Signale?

Bleib-weg-Signal. Gefahr durch gefährliche Güter, sofort Gefahrenbereich verlassen. Feuer und Zündfunken vermeiden (Explosions- und Katastrophengefahr).

Sicherheitsvorschriften

154 ●●●
Welche Signale bzw. Zeichen geben Sie, wenn Ihr Boot manövrierunfähig geworden ist?

Vier kurze Töne. Bei Tag eine rote Flagge, bei Nacht ein rotes Licht schwenken.

155 ●●●
Sie hören vier kurze Töne.
1. Was bedeutet das Schallsignal?
2. Welche optischen Zeichen können hierfür gegeben werden?

1. Fahrzeug ist manövrierunfähig.
2. Rote Flagge oder rotes Licht schwenken.

156 ●●●
Welche Signale bzw. Zeichen geben Sie, wenn Sie in Not sind und dringend Hilfe brauchen?

Gruppen von Glockenschlägen, wiederholte lange Töne geben.
Bei Tag eine Flagge oder einen sonstigen Gegenstand, bei Nacht ein Licht im Kreis schwenken.

157 ●●●
Sie sehen am Tage ein Fahrzeug, auf dem eine rote Flagge im Kreis geschwenkt wird.
1. Was bedeutet das?
2. Wie ist das Nachtsignal?
3. Wie verhalten Sie sich?

1. Von einem in Not befindlichen Fahrzeug wird Hilfe herbeigerufen.
2. Statt der Flagge ein Licht kreisen.
3. Ich leiste Hilfe, so weit das mit der Sicherheit meines Fahrzeuges vereinbar ist.

158 ●●●
Wie können Sie anzeigen, dass Sie in Not geraten sind und dringend Hilfe benötigen?
1. Am Tag.
2. Bei Nacht.
3. Durch Schallsignal.

1. Eine rote Flagge oder einen sonstigen Gegenstand im Kreis schwenken.
2. Ein Licht, das im Kreis geschwenkt wird.
3. Wiederholt lange Töne oder Gruppen von Glockenschlägen geben.

159 ●●
Auf dem Wasser ist ein Mensch in Not geraten. Wie verhalten Sie sich?

Wenn möglich Hilfe leisten. Sonst Hilfe holen.

160 ●●
Sie sehen auf einem Gewässer, dass ein Segelsurfer auf seinem Brett sitzt und immer weiter abgetrieben wird. Wozu sind Sie verpflichtet?

Zur Hilfeleistung, sofern dies ohne eigene Gefährdung möglich ist; sonst ist sofort Hilfe zu holen.

161 ●●
Welche Notsignale kann ein Segelsurfer auf Binnenschifffahrtsstraßen geben?
1. Optisch.
2. Akustisch.

1. Kreisförmiges Schwenken des Armes oder eines Gegenstandes.
2. Fortgesetzte lange Töne mit einer Pfeife.

162 ●●
Welche Notsignale kann ein Segelsurfer geben?

1. Kreisförmiges Schwenken eines Armes oder eines Gegenstandes.
2. Fortgesetzte lange Töne mit einer Pfeife.
3. Langsames Heben und Senken der seitlich ausgestreckten Arme.

163 ●●
Sie haben mit Ihrem Fahrzeug innerhalb des Fahrwassers Grundberührung. Welche Maßnahmen treffen Sie?

Wasserschutzpolizei oder Wasser- und Schifffahrtsverwaltung benachrichtigen.

164 ●
Warum ist eine Grundberührung im Fahrwasser meldepflichtig?

Damit das Hindernis beseitigt bzw. gekennzeichnet wird.

165 ●●●
Nennen Sie Bereiche, in denen die Geschwindigkeit zu vermindern ist, um Sog und Wellenschlag zu vermeiden.

1. Vor Hafenmündungen und in Häfen;
2. an Lade- und Löschplätzen;
3. an den üblichen Liegestellen;
4. an Fährstellen;
5. auf gekennzeichneten Strecken;
6. im Schleusenbereich;
7. an Badestellen.

166 ●●●
Warum soll ein Sportboot nicht dicht an ein großes, fahrendes Fahrzeug heranfahren?

Es kann durch dessen Sog mit dem Fahrzeug kollidieren, durch dessen Bug- bzw. Heckwelle kentern oder in dessen toten Winkel geraten.

167 ●●
Wie verhalten Sie sich beim Begegnen mit anderen Fahrzeugen in einem engen Fahrwasser?

Klaren Kurs zeigen, größtmöglichen Passierabstand einhalten, nötigenfalls Fahrt vermindern.

168 ●●●
Welche Gefahren können entstehen, wenn Sie von einem größeren Fahrzeug überholt werden?

Durch den Stau, Sog oder Schwell kann das Fahrzeug aus dem Ruder laufen, querschlagen oder kentern. Gefahr des Überbordfallens durch Krängung.

169 ●●●
Wie ist ein Überholmanöver durchzuführen?

Zügig und ohne die beteiligten Fahrzeuge zu behindern, Verkehrslage und eventuelle Schallzeichen beachten, ausreichenden Abstand halten.

170 ●●●
Wann dürfen Sie überholen, und was müssen Sie dabei beachten?

Das Überholen ist nur gestattet, wenn hinreichender Raum hierfür vorhanden ist und es ohne Gefahr ausgeführt werden kann. Genügend Abstand halten, schädlichen Sog und Wellenschlag vermeiden. Der Überholer ist grundsätzlich ausweichpflichtig.

171 ●●
Wann besteht die Gefahr eines Zusammenstoßes?

Wenn sich zwei Fahrzeuge einander nähern und sich die Peilung der beiden Schiffe zueinander nicht ändert.

172 ●
Wie weichen zwei Motorboote aus, die sich auf entgegengesetzten Kursen nähern?

Jeder muss nach Steuerbord ausweichen.

173 ●●
Zwei Motorboote nähern sich auf kreuzenden Kursen. Es besteht die Gefahr eines Zusammenstoßes. Welches Motorboot ist ausweichpflichtig?

Ausweichpflichtig ist das Fahrzeug, welches das andere an seiner Steuerbordseite sieht.

174 ●
Nachts kommt Ihnen ein Fahrzeug entgegen, das nur ein weißes Licht führt. Was ist das für ein Fahrzeug?

Kleinfahrzeug ohne Maschinenantrieb.

175 ●●
Wie müssen Ausweichmanöver durchgeführt werden?

Rechtzeitig, klar erkennbar und entschlossen.

176 ●●
Wie muss sich ein kreuzendes Kleinfahrzeug unter Segel am Wind in der Nähe eines Ufers gegenüber anderen verhalten?

Es darf ein anderes Kleinfahrzeug, das sein steuerbordseitiges Ufer anhält, nicht zum Ausweichen zwingen.

177 ●●
Wie beurteilen Sie unten stehende Ausweichsituation?

Begründung:

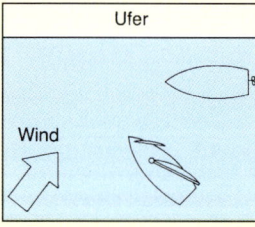

Das Segelboot ist ausweichpflichtig. Ein Fahrzeug unter Segel am Wind darf beim Kreuzen andere Fahrzeuge, die ihr steuerbordseitiges Ufer anhalten, nicht zum Ausweichen zwingen.

178 ●
Wie verhalten Sie sich als Führer eines Kleinfahrzeuges beim Begegnen mit
1. Fahrzeugen der gewerblichen Schifffahrt,
2. Fahrzeugen, die das blaue Funkellicht zeigen?

1. Kleinfahrzeuge sind gegenüber der gewerblichen Schifffahrt ausweichpflichtig. Sie müssen den für deren Kurs und zum Manövrieren notwendigen Raum lassen.
2. Ausweichen.

179 ●●●
Was veranlassen Sie, wenn während der Fahrt unsichtiges Wetter eintritt?

1. Geschwindigkeit den Sichtverhältnissen anpassen.
2. Lichter setzen.
3. Möglichst nächsten Hafen aufsuchen.

180 ●●
Sie fahren bei Sichtbeeinträchtigung ohne Radar und hören dreimal drei aufeinander folgende Töne von verschiedener Höhe.
1. Was bedeutet dieses Schallzeichen?
2. Was tun Sie?

1. Talfahrer, der unter Radar fährt.
2. Langen Ton geben und Fahrwasser möglichst verlassen.

181 ●
Warum soll man möglichst gegen Strom und Wind anlegen?

Weil das Fahrzeug sicherer zu manövrieren ist.

182 ●●●
Nennen Sie mindestens 6 Stellen oder Strecken, wo auch ohne besondere Bezeichnung ein allgemeines Liegeverbot besteht.

1. Auf Schifffahrtskanälen und Schleusenkanälen.
2. Unter Brücken und Hochspannungsleitungen.
3. In Fahrwasserengen und Hafeneinfahrten.
4. An Abzweigungen oder Einmündungen von Nebenwasserstraßen.
5. In der Fahrlinie von Fähren.
6. Im Kurs, den Fahrzeuge beim An- oder Ablegen an Landebrücken benutzen.
7. Auf Wendestellen.
8. In Wasserski- und Wassermotorradstrecken.

183 ●●●
Was ist zu beachten, wenn ein Sportboot geschleppt wird?

1. Dass die Schleppleine nicht in die Schraube kommt.
2. Plötzliches, ruckartiges Steifkommen der Schleppleine vermeiden.
3. Geschwindigkeit der Rumpfform des geschleppten Bootes anpassen.

184 ●●
Was verstehen Sie unter Rumpfgeschwindigkeit und wovon ist diese abhängig?

Die Höchstgeschwindigkeit in der Verdrängerfahrt.
Sie ist von der Wasserlinienlänge abhängig.

185 ●●
Sie wollen geschleppt werden. Welche Ausrüstungsgegenstände halten Sie bereit?

Schleppleine, Fender und Bootshaken bereithalten.

186 ●
Wo befestigen Sie als Geschleppter die Schlepptrossen?

Möglichst weit vorne am Bug, nur an ausreichend befestigten Beschlägen.

187 ●●
Was ist beim Auslaufen aus einem Hafen zu beachten?

Andere Fahrzeuge im Fahrwasser, Schallzeichen und die Strömung.

188 ●●
Wie queren Sie mit Ihrem Boot einen Fluss?

Strömung berücksichtigen.
Den Kurs anderer Fahrzeuge nicht behindern.

189 ●
Welche Vorbereitungen treffen Sie vor dem Einlaufen in eine Schleuse?

Leinen, Fender und Bootshaken bereithalten.

190 ●●
In welcher Reihenfolge laufen Fahrzeuge der gewerblichen Schifffahrt und Sportboote in die Schleuse ein?

Wenn vom Schleusenpersonal nicht anders bestimmt wird, fahren Sportboote hinter den Fahrzeugen der gewerblichen Schifffahrt in die Schleuse ein.

191 ●●●
Sie müssen zusammen mit Fahrzeugen der gewerblichen Schifffahrt schleusen, da eine eigene Bootsschleuse nicht vorhanden ist.
1. Bei welchem Lichtsignal dürfen Sie in die Schleuse fahren?
2. Wann fahren Sie in die Schleuse ein?

1. Zwei grüne Lichter nebeneinander oder ein grünes Licht.
2. Grundsätzlich nach den Fahrzeugen der gewerblichen Schifffahrt, es sei denn, der Schleusenwärter gibt eine andere Anweisung.

192 ●●●
Worauf müssen Sie beim Abschleusen besonders achten?

Auf den Drempel am Obertor. Die entsprechende Begrenzungslinie ist zu beachten. Auf sicheres Fieren der Leinen achten.

193 ●
Wie ist der Drempel am Obertor einer Schleuse bezeichnet?

Durch Farbmarkierungen an der Schleusenmauer.

194 ●●
Warum dürfen in einer Schleuse die Leinen nicht fest belegt werden?

Damit die Leinen gefiert bzw. durchgeholt werden können und im Notfall das Boot sofort losgeworfen werden kann.

195 ●●
Sie müssen zusammen mit Fahrzeugen der gewerblichen Schifffahrt schleusen. Worauf haben Sie bei der Schleuseneinfahrt unbedingt zu achten?

Hinter den Fahrzeugen der gewerblichen Schifffahrt einfahren. Sicherheitsabstand wegen Schraubenwasser der vorausfahrenden Fahrzeuge einhalten.

196 ●●●
Sie liegen zusammen mit Fahrzeugen der gewerblichen Schifffahrt in der Schleuse. Worauf haben Sie besonders zu achten?
1. Während der Schleusung.
2. Bei der Ausfahrt.

1. Leinen besetzt halten; nicht belegen.
2. Sicherheitsabstand wegen des Schraubenwassers der vorausfahrenden Fahrzeuge; Leinen nicht zu früh loswerfen!

Umweltschutz und Naturschutz

197 ●
In welchem Merkblatt finden Sie Hinweise für Ihr Verhalten zum Schutz seltener Tiere und Pflanzen sowie zur Reinhaltung der Gewässer?

In den 10 Goldenen Regeln für Wassersportler.

198 ●●
Was ist hinsichtlich der Reinhaltung der Gewässer verboten?

1. Kraftstoffe oder Öle oder Öl-Wassergemische einzubringen.
2. Abfälle über Bord zu werfen.

199 ●●
Was ist beim Umgang mit Ölen, Treibstoffen, Farben und anderen umweltschädlichen Stoffen an Bord unbedingt zu beachten?

Umweltgerecht entsorgen, Wasser nicht verunreinigen.

200 ●●
Was tun Sie mit Abfällen jeglicher Art, die an Bord anfallen?

Getrennt sammeln und in Aufnahmebehälter an Land bringen, keinesfalls über Bord werfen!

201 ●●
Weshalb sollten Sie das Anlaufen von Schilf- und Röhrichtzonen unbedingt meiden?

Weil diese Uferzonen vielfach Rast- und Brutplätze besonders schutzbedürftiger Vögel sind.
Regionale Vorschriften verbieten das Eindringen in die Zonen und fordern die Einhaltung von Mindestabständen.

202 ●●●
Weshalb sollten Sie seichte Gewässer in dicht bewachsenen Uferzonen meiden?

Weil diese seichten Gewässer vielfach Fischlaichgebiete sind, in denen auch schutzbedürftige Pflanzen vorkommen. Regionale Vorschriften verbieten das Eindringen sin die Zonen und fordern die Einhaltung von Mindestabständen.

Sicherheitsausrüstung und sonstige Sicherheitsanforderungen

203 ●●●
Nennen Sie die wichtigsten Ausrüstungsgegenstände eines Sportbootes.

Wurfleinen, Feuerlöscher, rote Flagge, Taschenlampe, Kappmesser oder Axt, Bootshaken, Festmacherleinen, Werkzeug, Schleppleine, mind. 1 Anker, 2 Paddel, Rettungswesten, Verbandskasten, Schöpfeimer, Rettungsring.

204 ●●
Welche Anforderungen müssen an Rettungswesten gestellt werden?

Sie müssen ohnmachtssicher sein (mindestens DIN EN 393), d. h., sie müssen den Kopf einer bewusstlosen Person über Wasser nach oben halten und stets die Rückenlage garantieren.

205 ●
Weshalb sollten Sie auf einem kleinen Boot unbedingt Paddel mitführen?

Damit im Notfall das Fahrwasser freigemacht werden kann.

206 ●
Welchen Vorteil bietet ein Radarreflektor auf einem Sportboot?

Bessere Erkennbarkeit auf Radarbildschirmen.

207 ●
Welche Löschmittelmenge sollte ein Feuerlöscher auf einem Sportboot haben?

Mindestens 2 kg.

208 ●
Woran erkennen Sie, wann ein Feuerlöscher zu warten ist?

An der Prüfplakette.

209 ●●
Welche Maßnahmen ergreifen Sie, um einen Brand wirksam zu bekämpfen?

Luftzufuhr vermeiden bzw. unterbinden. Feuerlöscher erst am Brandherd in Tätigkeit setzen.

210 ●●●
Warum ist Flüssiggas (Propan, Butan) besonders gefährlich?

Es ist schwerer als Luft, geruchlos und bildet mit Luft ein explosives Gemisch.

211 ●●
Was ist bei Flüssiggasanlagen an Bord zu beachten?

Die Anlage muss durch einen Sachkundigen entsprechend den Richtlinien eingebaut sein. Sie muss regelmäßig überprüft werden.

212 ●●●
Was haben Sie beim Aufladen von Batterien an Bord zu beachten?

Batterieraum lüften, damit die beim Aufladen entstehenden Gase entweichen können. Auf festen Anschluss der Ladeleitung achten.

213 ●●
Wie warten Sie die Batterie Ihres Bootes?

Trocken halten, vor Oxydation schützen, Anschlusspole fetten, Kabel fest anziehen, Säurestand prüfen.

214 ●●
Was ist wichtig bei der Überwachung und Wartung Ihrer Bordbatterie?

1. Säurestand kontrollieren, evtl. destilliertes Wasser nachfüllen.
2. Pole stets sauber halten und einfetten.

215 ●
Mit welchem einfachen Gerät überprüft man den Ladezustand der Batterie?

Mit dem Säureheber.

Seemannschaft

216 ●
Welche Anforderungen stellt man an Tauwerk, das als Festmacher, Anker- oder Schleppleine dient?

Hohe Bruchlast, große Elastizität.

217 ●●
**Wofür ist schwimmfähiges Tauwerk
1. vorteilhaft?
2. ungeeignet?**

1. Für Wurfleinen und Sorgleinen an Rettungsringen.
2. Als Ankerleine.

218 ●●
Wozu dient ein Takling, wozu ein Spleiß?

Ein Takling sichert den Tampen vor dem Aufgehen, durch einen Spleiß wird geschlagenes Tauwerk miteinander verbunden.

219 ●

Wo können Sie sich über ausreichende Bemessung Ihrer Leinenausrüstung informieren?

In den Sicherheitsrichtlinien des DMYV und des DSV.

220 ●●●

Welche drei Anforderungen müssen seemännische Knoten erfüllen?

Seemännische Knoten müssen sich
1. einfach und schnell stecken lassen,
2. zuverlässig halten,
3. sich im entlasteten Zustand leicht lösen lassen.

221 ●●●

Wie belegt man
1. an einer Klampe?
2. an einem Pfahl?
3. an einem Ring?

Man belegt
1. an einer Klampe mit Kreuzschlägen und Kopfschlag,
2. an einem Pfahl mit Webeleinenstek oder Palstek,
3. an einem Ring mit Roringstek oder mit Rundtörn und zwei halben Schlägen.

222 ●

Wozu dient der Schotstek?

Mit dem Schotstek werden zwei ungleich starke Enden verbunden.

223 ●

Mit welchem Knoten wird die Vorleine an einer durchlaufenden Schlepptrosse belegt?

Mit dem Stopperstek.

224 ●

Mit welchem Knoten verhindern Sie das Ausrauschen eines Endes?

Mit dem Achtknoten.

225 ●

Wozu dient der Kreuzknoten?

Mit dem Kreuzknoten werden zwei gleich starke Enden verbunden.

226 ●

Wozu dient der Rundtörn mit zwei halben Schlägen?

Zum Festmachen an einem Ring oder einer Stange.

227 ●

Wozu dient der Webeleinenstek?

Der Webeleinenstek wird zum Belegen am Pfahl oder Poller verwendet, sowie zum Befestigen der Fender an Reling oder Handlauf (in Verbindung mit einem Slipstek).

228 ●

Wozu dient der Kopfschlag?

Zum Sichern der Leine beim Belegen einer Klampe.

229 ●●

Wozu dient ein Palstek?

Zum Schlagen eines sich nicht zuziehenden Auges, zum Festmachen am Poller oder Pfahl und zum Bergen und Sichern von Personen.

230 ●

Wozu dient der Fender?

Zum Schutz des Bootskörpers.

231 ●●●

Zeichnen Sie die Leinen ein, mit denen dieses Sportboot korrekt an der Pier festmacht! Benennen Sie diese fortlaufend vom Bug zum Heck!

1. Vorleine
2. Vordere Spring
3. Achtere Spring
4. Achterleine

232 ●

Womit kann die Wassertiefe bestimmt werden?

Durch Handlot, Echolot oder Peilstange.

233 ●

Wie viel Ankerleine muss zum sicheren Liegen ausgesteckt werden?

Mindestens das 5-fache der Wassertiefe.

234 ●

Wie viel Ankerkette muss zum sicheren Liegen ausgesteckt werden?

Mindestens das 3-fache der Wassertiefe.

235 ●●
Wie stellen Sie fest, ob Ihr
Anker hält?

Durch Peilen von Landmarken,
Anfassen der Ankerkette oder
Leine. Wenn diese vibriert oder
ruckt, hat der Anker nicht
gefasst.

Wetterkunde

236 ●●
Welche Faktoren sind
hauptsächlich für das
Wettergeschehen, also für
Wind und Niederschläge
ausschlaggebend?

Luftdruckänderung, Luft-
feuchtigkeit und Temperatur.

237 ●●
Mit welcher Wetterentwicklung rechnen Sie bei schnell
und stetig fallendem Luftdruck?

Schlechtes Wetter; Starkwind
oder Sturm.

238 ●
Welches Wetter ist zu
erwarten, wenn
der Luftdruck langsam,
aber ständig steigt?

Besseres bzw. schöneres
Wetter.

239 ●●
Welche Maßeinheiten werden
verwendet für
1. Luftdruck?
2. Windgeschwindigkeit?

1. Hektopascal (hPa).
2. m/s, km/h, Knoten (kn).

240 ●
Wo können Sie sich über das
zu erwartende Wetter informieren?

Rundfunk, Fernsehen, ört-
liche Wetterstationen, tele-
fonische Ansagedienste der
Telekom.

241 ●
Warum müssen Sie sich vor
dem Befahren eines fremden
Reviers über die örtlichen
Sturmwarnsignale und die
diesbezüglichen Vorschriften
informieren?

Weil sie von Revier zu
Revier unterschiedlich sein
können, ebenso die Vor-
schriften, z. B. Auslaufverbot
bei Sturmwarnung.

242 ●●
Womit müssen Sie rechnen,
wenn sich bei sommerlicher
Schwüle um die Mittags-
stunden Haufenwolken zu
Cumulonimbuswolken
großen Ausmaßes verdich-
ten?
Was tun Sie?

Mit einem Gewitter.
Das Boot wird darauf vorberei-
tet, Hafen oder geschützte
Bucht ansteuern.

243 ●
Unter aufgetürmten Gewit-
terwolken erkennen Sie einen
Böenkragen, der auf Sie
zukommt. Wann sind die
ersten heftigen Böen zu
erwarten?

Wenn der Böenkragen
annähernd über mir steht.

Antriebsmaschine

400 ●●
Welche Voraussetzungen muss der Führer eines Sportbootes mit einer Antriebsleistung von mehr als 3,68 kW (5 PS) und weniger als 15 m Länge auf Binnenschifffahrtsstraßen erfüllen?

Er muss im Besitz des Sportbootführerscheins Binnen oder eines gleich gestellten Befähigungsnachweises sein.
Auf den Binnenschifffahrtsstraßen des innersten Ringes in Berlin auch für Sportboote mit weniger als 3,68 kW (5 PS).

401 ●●●
Welchen Anforderungen muss der Fahrzeugführer eines Sportbootes unter 15 m Länge
1. generell,
2. falls ein Motor unter 3,69 kW vorhanden ist,
3. falls ein Motor von mehr als 3,68 kW vorhanden ist, entsprechen?

1. Er muss gesundheitlich, charakterlich und fachlich geeignet sein.
2. Mindestalter 16 Jahre. Auf den Binnenschifffahrtsstraßen des innersten Ringes in Berlin Sportbootführerschein Binnenoder gleichwertiges Befähigungszeugnis.
3. Sportbootführerschein Binnen oder gleichwertiges Befähigungszeugnis.

402 ●
Welche Voraussetzungen muss der Rudergänger eines Sportbootes mit Antriebsmaschine erfüllen?

Er muss mindestens 16 Jahre alt und geeignet sein.

403 ●●
Sie fahren als Schiffsführer ein Kleinfahrzeug mit 10-PS-Motor. Es sind mehrere Personen an Bord.
1. Dürfen Sie das Ruder auch einer Person überlassen, die nicht im Besitz eines Führerscheines ist?
2. Was ist dabei zu beachten?

1. Ja!
2. Der Rudergänger muss geeignet und mindestens 16 Jahre alt sein.

404 ●
Darf auf allen Binnenschifffahrtsstraßen Wasserski gelaufen werden?

Nein, nur an den durch Tafeln gekennzeichneten Stellen.

405 ●●
Wo darf man Wasserski laufen oder uneingeschränkt Wassermotorrad fahren?

Nur in den Bereichen, die durch entsprechende Tafeln hierzu freigegeben sind.

406 ●●●
Zu welcher Tageszeit darf auf den erlaubten Gewässerabschnitten
1. Wasserski gelaufen und
2. Wassermotorrad gefahren werden?

1. Von Sonnenaufgang bis Sonnenuntergang, sofern keine weiteren Beschränkungen, z. B. durch Zusatztafeln oder Sondervorschriften bestehen und die Sicht mehr als 1000 m beträgt.
2. Von 7.00 bis 20.00 Uhr und nicht vor Sonnenaufgang und nicht nach Sonnenuntergang, sofern keine weiteren Beschränkungen z. B. durch Zusatztafeln oder Sondervorschriften bestehen und die Sicht mehr als 1000 m beträgt.

407 ●●
Wodurch ist beim Wasserskilaufen sicherzustellen, dass der Schiffsführer sofort über etwaige Schwierigkeiten des Wasserskiläufers unterrichtet wird?

Im Boot muss eine zweite, geeignete Person mitfahren, die den Skiläufer ständig beobachtet und den Schiffsführer unterrichtet.

408 ●●
Mit welchen Personen muss das Zugboot beim Wasserskilaufen mindestens besetzt sein?

Mit dem Schiffsführer und einer geeigneten Person, die den Wasserskiläufer beobachtet.

409 ●
Wie muss sich der Wasserskiläufer bei der Vorbeifahrt an Fahrzeugen, Schwimmkörpern oder Badenden verhalten?

Er muss sich im Kielwasser des ziehenden Fahrzeugs halten.

410 ●●●
Was müssen Wasser-skiläufer und der Schiffs-führer des ziehenden Fahrzeuges gegenüber Verkehrsteilnehmern und Anlagen besonders beachten?

Durch Wellenschlag oder Sog-wirkung dürfen
1. andere Verkehrsteilnehmer sowie Badende nicht gefähr-det oder mehr als nach den Umständen unvermeidbar behindert oder belästigt wer-den;
2. Ufer, Regelungsbauwerke, schwimmende oder feste Anlagen oder Schifffahrts-zeichen nicht beschädigt wer-den. Der Schiffsführer muss erforderlichenfalls die Geschwindigkeit vermindern und bei der Vorbeifahrt einen Abstand von mindestens 10 m einhalten.

411 ●●●
Wie haben Sie allgemein Ihre Geschwindigkeit einzurich-ten?

Geschwindigkeitsbeschrän-kungen beachten. Darüber hinaus ist die Geschwindigkeit der Verkehrslage, den Fahr-wasser-, Witterungs- und Sichtverhältnissen anzupassen.

412 ●●●
Was heißt Sog und Wellen-schlag vermeiden?

Ich beobachte meine Heck-welle, vermindere die Fahrt so weit, dass Wellenschlag nicht mehr entsteht.

413 ●●
Wie verhalten Sie sich beim Passieren von Kanus, Ruder- und Paddel-booten?

Rechtzeitig Fahrt vermindern. Ausweichen. Sog und Wellen-schlag vermeiden.

414 ●●
Wie verhalten Sie sich, wenn Ihr Motorboot mit einem Segelboot auf Kollisionskurs liegt?

Immer und grundsätzlich nach Steuerbord ausweichen, am Heck umfahren, Bug nicht kreuzen.

415 ●●●
Von Backbord kommend, will ein Segelboot mit einem schwarzen Kegel, Spitze nach unten, den Kurs Ihres Motorbootes kreuzen. Wer ist ausweichpflichtig und warum?

Der Segler läuft unter An-triebsmaschine, gilt als Motor-boot und ist ausweichpflichtig, weil er mich an seiner Steuer-bordseite hat.

416 ●●
Ihrem Motorboot kommt nachts ein Fahrzeug ent-gegen, das Seitenlichter am Bug, aber kein Topplicht führt.
1. Was ist es für ein Fahr-zeug?
2. Wer ist ausweich-pflichtig?

1. Das andere Fahrzeug ist ein Kleinfahrzeug unter Segel.
2. Ich bin ausweichpflichtig.

417 ●●
Wie kann die Schadstoff-entwicklung von Boots-motoren verringert werden?

Durch richtige Luft-Kraft-stoff-Gemisch-Einstellung und durch das richtige Mischungsverhältnis bei Zweitaktmotoren.

418 ●●●
Welche Filter sorgen für den sicheren Betrieb eines Ver-brennungsmotors?

1. Wasserfilter.
2. Kraftstofffilter.
3. Ölfilter.

419 ●●
Welche Verbrennungs-motoren kommen als Boots-antriebe in Frage:
1. Nach der Kraftstoffart?
2. Nach den Arbeitsverfah-ren?

1. Diesel- und Benzin motoren.
2. Zwei- und Viertakt-motoren.

420 ●●●
Welche Motor- und Antriebs-arten kennen Sie bei Motor-booten?

1. Außenbordmotoren.
2. Innenbordmotoren mit Z- oder Strahlantrieb.
3. Innenbordmotoren mit Wendegetriebe und starrer Welle.

421 ●●
Welche Sicherheitseinrich-tung muss eine eingebaute Tankanlage mit Deckeinfüll-stutzen haben?

1. Entlüftungsrohr.
2. Absperrventil.

422 ●●●
Welche Maßnahmen treffen Sie vor und während der Treibstoffübernahme?

Motor abstellen. Kein offenes Feuer, keine elek-trischen Schalter betätigen, nicht rauchen. Vorbereitungen treffen, dass evtl. überge-laufener Treibstoff sofort aufgefangen werden kann.

423 ●●
Weshalb muss der Tank des Außenbordmotors immer an Land nachgefüllt werden?

Um zu verhindern, dass Treibstoff oder Treibstoffdämpfe in das Bootsinnere oder Treibstoff ins Wasser gelangen.

424 ●●
Wie können Sie beim Tanken oder beim Ölwechsel verhindern, dass Treibstoff oder Öl in die Bilge gelangen? Was tun Sie, wenn es trotzdem geschehen ist?

Durch Verwendung eines großen Trichters bzw. einer Öl-Auffangwanne. Öl oder Treibstoff in der Bilge mit saugfähigen Lappen entfernen und entsorgen. Räume lüften.

425 ●●
Warum ist verschüttetes Benzin im Boot besonders gefährlich?

Weil die Benzindämpfe schwerer als Luft sind und in der Bilge ein explosives Gemisch bilden.

426 ●●●
Was tun Sie, wenn Benzin in die Bilge gelangt?

1. Feuer und offenes Licht löschen.
2. Keine elektrischen Schalter betätigen.
3. Mit Schwamm oder Tüchern aufnehmen.
4. Bilge reinigen. Umweltschutz beachten.
5. Räume lüften.

427 ●●●
Was ist vor dem Anlassen des Motors zu beachten?

1. Maschinenraum lüften.
2. Kraftstoffstand prüfen, Kraftstoffhahn öffnen.
3. Schraube auskuppeln.
4. Ölstand für Motor und Getriebe prüfen.
5. Kühlwassersystem klar?

428 ●●
Worauf müssen Sie beim Starten des Motors achten, um zu verhindern, dass das Boot unkontrolliert und ruckartig anfährt?

Beim Starten muss die Schaltung auf »neutral« (Leerlauf) stehen, da sonst der Propeller (Schraube) sofort mitdreht.

429 ●
Warum darf der Propeller (Schraube) beim Starten nicht sofort mitdrehen?

Weil dadurch besonders ein kleineres Boot ruckartig anspringen würde, wodurch Personen über Bord fallen und verletzt werden könnten.

430 ●
Was müssen Sie unmittelbar nach dem Anlassen des Motors kontrollieren?

Kühlwasserdurchfluss und Öldruck.

431 ●●●
Wo kontrollieren Sie unmittelbar nach dem Anlassen einer größeren, eingebauten Maschine, ob diese einwandfrei arbeitet?

Ladekontrollleuchte, Öldruckkontrolle, Temperaturkontrolle, Kühlwasserthermometer, Drehzahlmesser, Kühlwasseraustritt.

432 ●●●
Während der Fahrt sollten Sie die Maschinenanlage ständig überwachen. Worauf achten Sie besonders?

1. Kühlwasseraustritt.
2. Motor- und Getriebetemperatur.
3. Öldruck und Ladekontrolle.
4. Drehzahlmesser.

433 ●
Sie haben Ihren Motor gestartet. Er läuft normal, wird aber beim Einkuppeln der Antriebswelle »abgewürgt«. Was kann die Ursache sein?

Blockierter Propeller, z. B. Tampen oder Plastik im Propeller (Schraube).

434 ●●
Ein kleiner Außenborder mit eingebautem Tank bleibt während der Fahrt immer wieder stehen. Was könnte die Ursache sein?

Belüftungsschraube im Tankdeckel nicht geöffnet – unsaubere Benzinleitung.

435 ●●
Worauf ist unbedingt zu achten, bevor Sie einen Außenborder mit Handstart anwerfen?

Vor dem Starten Propeller (Schraube) auskuppeln, da sonst das Boot ruckartig anfährt. Hierbei könnte die startende Person über Bord fallen, und falls eine weitere Person nicht an Bord ist, würde das Boot führerlos werden.

436 ●●●
Was sollten Sie stets tun, bevor Sie nach Ende einer Fahrt den Außenborder hochkippen oder abnehmen? Begründung.

Von dem im Leerlauf drehenden Motor den Tankschlauch abnehmen, bzw. Benzinhahn und Entlüftung schließen und Vergaser leerfahren, damit beim Hochkippen kein Benzin ausläuft.

437 ●
Was versteht man unter einem rechtsdrehenden Propeller (Schraube)?
Wenn er sich von achtern gesehen bei der Vorausfahrt im Uhrzeigersinn dreht.

438 ●
Was versteht man unter einem linksdrehenden Propeller (Schraube)?
Wenn er sich von achtern gesehen bei der Vorausfahrt gegen den Uhrzeigersinn dreht.

439 ●
Was versteht man unter der Ruderwirkung des Propellers (Schraube)?
Das seitliche Versetzen des Hecks. Seitenschub.

440 ●●
Weshalb ist die Kenntnis der Propellerdrehrichtung (Schraubendrehrichtung) für das Manövrieren unter Motor von Bedeutung?
Da der »Radeffekt« das Heck nach der einen oder anderen Richtung zur Seite versetzt und man diesen Umstand beim Manövrieren berücksichtigen muss.

441 ●●
Warum wird jedes Schiff mit einem Propeller (Schraube) und starrer Welle über Steuerbord und über Backbord verschieden große Drehkreise haben?
Weil der Propellerdrall (Schraubendrall) des Antriebs (Radeffekt) eine Drehrichtung unterstützt, der anderen entgegenwirkt.

442 ●
Welche Wirkung hat ein rechtsdrehender Propeller (Schraube) bei Vorausfahrt?
Er versetzt das Heck nach Steuerbord.

443 ●●
Welche Wirkung hat ein rechtsdrehender Propeller (Schraube) bei Rückwärtsfahrt?
Er versetzt das Heck nach Backbord.
Die Ruderwirkung des Propellers (Schraube) ist besonders stark.

444 ●●
Welches ist die günstigste Anlegeseite einer Yacht mit linksdrehendem Propeller (Schraube)? Begründung.
Die Steuerbordseite, weil das Heck beim Abstoppen mit Rückwärtsgang (Radeffekt) an die Pier gezogen wird.

445 ●●
Welches ist die günstigste Anlegeseite einer Yacht mit rechtsdrehendem Propeller (Schraube)? Begründung.
Die Backbordseite, weil das Heck beim Abstoppen mit Rückwärtsgang (Radeffekt) an die Pier gezogen wird.

446 ●
Wie legen Sie im Strom an einer Boje an?
Gegen den Strom anfahren, Bugleine festmachen, achteraus treiben lassen.

447 ●
Warum sollten Sie niemals aus voller Fahrt voraus in volle Fahrt achteraus schalten?
Weil dadurch das Getriebe bzw. die Kupplung beschädigt werden kann.

448 ●●
Wie können Sie den technisch einwandfreien Zustand und die Funktionsfähigkeit Ihrer Maschinenanlage weitgehend sicherstellen?
Durch regelmäßige Wartung der gesamten Maschinenanlage.
Angaben hierüber enthält die Betriebsanleitung.

449 ●●●
Weshalb sollten Sie die Betriebsanleitung für Ihren Motor immer an Bord haben?
Sie gibt Hinweise über die Wartung des Motors und enthält tabellarische Zusammenstellungen der möglichen Störungen.

450 ●●●
Was ist zu tun, wenn der Motor brennt?
Brennstoffzufuhr unterbrechen, Getriebe auskuppeln, Vollgas geben, um Leitungen und Vergaser leerzufahren, Motor bzw. Vergaser abdecken, um Brand zu ersticken, mit Feuerlöscher Brand bekämpfen.

451 ●●●
Was ist zu tun, wenn jemand über Bord gefallen ist?
Auskuppeln. Heck abdrehen, »Mann über Bord« rufen, Rettungsring werfen, gegen Strom und Wind anfahren, Propeller (Schraube) auskuppeln, Person bei stillliegendem Boot bergen.

452 ●●
Was tun Sie als Rudergänger sofort bei dem Ruf »Mann über Bord«? Begründung.
1. Auskuppeln.
2. Ruder auf die Seite des Überbordgegangenen legen, um Verletzungen durch den Propeller (Schraube) zu vermeiden.

Prüfungsausschüsse des Deutschen Motoryachtverbandes für den Sportboot-Führerschein Binnen

Prüfungsbereiche	Vorsitzende der Prüfungsausschüsse
Aurich	Dieter Böse Am Hafen 51 26826 Weener Tel.: 04951-91 25 66
Berlin	Karin Peisker-Wichert Schulzendorfer Str. 31 13467 Berlin Tel.: 030-4 04 10 74
Bielefeld-Osnabrück	Karl E. Bökhaus Hinter den Höfen 1 32689 Kalletal Tel.: 05264-89 34
Bodensee	Klaus-Jürgen Glee Höhenweg 4 a 88718 Daisendorf Tel.: 07532-94 60
Bremen	Heiko Lauterbach Rehmenweg 18 a 31582 Nienburg Tel.: 05021-91 22 46
Deggendorf	Max Perl Waldschmidtweg 58 94469 Deggendorf Tel.: 0991-85 75
Düsseldorf	Klaus Tisken Deutzerstr. 38 41468 Neuss Tel.: 02131-73 87 09

Prüfungsbereiche	Vorsitzende der Prüfungsausschüsse
Hamburg	Carmen Hellmer Beim Schlump 2 20144 Hamburg Tel.: 040-4 10 14 41
Hannover	Gerhard Kallmeyer Hildesheimer Str. 70 30880 Laatzen Tel.: 0511-86 12 09
Kassel	Rolf Dittschar Steinweg 11 34270 Schauenburg Tel.: 05601-50 47 79
Kiel	Dieter Diesel Soling 34 (Olympiazentrum) 24159 Kiel Tel.: 0431-3 05 22 13
Koblenz	Wolfgang Bleser Ravenéstr. 7 56812 Cochem/Mosel Tel.: 02671-9 76 60
Köln	Heinz Breidenbach Elsdorfer Gasse 30 51143 Köln Tel.: 02203-98 21 47
Lübeck	Fred Steppat Moorredder 45 23570 Lübeck-Travemünde Tel.: 04502-30 20 47

Prüfungsbereiche	Vorsitzende der Prüfungsausschüsse
Main (BA, SW, WÜ)	Christian Küster Spitalseeplatz 6 97421 Schweinfurt Tel.: 09721-7 13 10
Mannheim-Darmstadt	Egon Schuster Eisenbahnstr. 27 67112 Mutterstadt Tel.: 06234-92 90 20
München	Werner Richter Thomas-Mann-Str. 3 89257 Illertissen Tel.: 07303-96 43 30
Münster	Norbert Huda Lange Kuhle 82 48163 Münster Tel.: 02501-5 91 09
Nürnberg	W. Richter Heilsbronner Str. 4 90513 Zirndorf Tel.: 09127-15 87
Potsdam	Hans-Jürgen Esser Nibelungenstraße 1 14109 Berlin Tel.: 030-8 03 12 51
Regensburg	Helmut Alber Killermannstraße 16 93049 Regensburg Tel.: 0941-3 44 80/39 90 10

Prüfungsbereiche	Vorsitzende der Prüfungsausschüsse
Saarlouis	Kurt Heck Bosener Weg 6 66625 Nohfelden Tel.: 06875-5 53
Stuttgart	Max Schneider Leinbachstr. 11 74078 Heilbronn Tel.: 07131-2 12 53
Trier	Günter Marchand Bergstr. 71a 54295 Trier Tel.: 0651-7 39 67
Wetzlar-Offenbach	Olaf Winter Unter dem Ahorn 6a 35578 Wetzlar Tel.: 06441-7 60 25
Wiesbaden	Wolfgang Hollbach Rampenstraße 1 55252 Mainz-Kastel Tel.: 06134-72 93 49

Kleines seemännisches Wörterbuch

Abdrift (auch Abtrift) Seitliches Versetzen eines Bootes durch Wind oder Strom.

ablandig Wenn der Wind vom Land aufs Wasser weht. (Gegenteil: auflandig.)

Abrissheck Eine scharfe Kante zwischen Spiegel und Bootsboden, die verhindert, dass das unter dem Boden hervorschießende Wasser am Spiegel emporleckt und dort einen fahrthemmenden Sog verursacht.

achteraus Alles, was hinter einem Boot liegt. (Gegensatz: voraus.)

Achterleine Festmacheleine, die vom Heck eines Bootes nach hinten an Land oder zu einem Pfahl führt. Bisweilen auch als Heckleine bezeichnet. (Gegensatz: Vorleine.)

Achterschiff Der hintere Teil eines Bootes. (Gegensatz: Vorschiff.)

anstecken Einen Gegenstand mit einer oder zwei Leinen miteinander verbinden.

auffieren Dem Zug auf einer Leine nachgeben, ohne sie ausrauschen zu lassen. Häufig auch nur: fieren.

aufklaren 1. Das Wetter »klart auf«. 2. An und unter Deck eines Bootes Ordnung schaffen.

auflandig Wenn der Wind vom Wasser aufs Land weht.

aufkommen Ein vorauslaufendes Schiff einholen (der Aufkommer).

aufschießen Eine Leine in regelmäßigen Buchten zusammenlegen.

Auge Bezeichnung für verschiedene Arten von Ringen (Schleppauge), Ösen oder Schlingen. In Wortverbindungen entfällt das »e« (Augbolzen).

ausbrechen Ein Anker wird aus dem Grund gebrochen.

Backbord (Bb) In Fahrtrichtung gesehen die linke Seite eines Bootes. Links.

Back-to-Back-Sitze Auf Kästen oder Sockeln mit den Rückenlehnen gegeneinander montierte Polstersitze, die sich auf einer Schiene zu einer Liegefläche ausziehen lassen.

Bake (die) An Land aufgestelltes Schifffahrtszeichen.

bekneifen Festklemmen (von Leinen).

Bergfahrt Auf Flüssen die Fahrt stromaufwärts, von der Mündung zur Quelle (der Bergfahrer). (Gegensatz: Talfahrt)

Bilge (die) Der Raum im Bootsboden zwischen Kiel und Fußboden. Häufig werden dort Tanks eingebaut.

Bord (der) Ursprünglich die Schiffsseite (Backbord, Steuerbord), besonders deren Oberkante, daher »über Bord« fallen. »An Bord« heißt allgemein sich auf einem Schiff befinden.

brechen 1. Seemännischer Ausdruck für das Reißen von Leinen und Ketten. – 2. Das »Überkämmen« der Wellen, wenn sich auf einer Welle eine Schaumkrone bildet.

Bucht Schleife in einer Leine. Sie wird »in Buchten« aufgeschossen.

Bug (der) Das vordere Ende eines Schiffes.

Cockpit Der gesamte nicht eingedeckte Raum eines Motorbootes.

Davit (der) Ein kleiner drehbarer Kran für Anker oder – meist paarweise – für Beiboote.

Deck (das) Die obere Abschlussfläche eines Bootsrumpfes. Bei einer nur teilweisen Eindeckung spricht man entsprechend von einem Vor- oder Achterdeck. Ein schmaleres Seitendeck wird auch als Gangbord bezeichnet.

Deckpeilung (die) Wenn zwei oder mehr Objekte in gleicher Richtung und gleicher Linie liegen, sich »decken«. So gewinnt man auf der Seekarte eine Standlinie oder auch einen Fixpunkt für Messfahrten zur Ermittlung der Geschwindigkeit.

Deckssalon Aufenthaltsraum an Deck, der manchmal hinten offen ist und meistens auch den Fahrstand beherbergt.

Deutscher Motoryachtverband (DMYV) 1907 gegründeter Dachverband der deutschen Motorbootclubs und oberste Motorbootsport-Autorität der Bundesrepublik.

Dinette (die) Anordnung der Sofabänke zu beiden Seiten eines quer zur Schiffsrichtung stehenden Tisches. Manchmal sind die Bänke auch U-förmig um den Tisch gruppiert. Meist kann der Tisch abgesenkt und die Dinette zu einer Doppelliege hergerichtet werden.

Dingi (das) Ein kleines Beiboot.

dwars Querab, rechtwinklig zur Fahrtrichtung.

Fahrwasser An engen Stellen oder zwischen Untiefen, Sandbänken usw. die durch Fahrwasserzeichen markierte Fahrrinne mit tiefem Wasser.

Fender (der) Polster aus unterschiedlichen Materialien, um die Bordwand vor Beschädigungen an Stegen, Nachbarschiffen oder Ähnlichem zu schützen.

Festmacher 1. Bezeichnung der zum Festmachen verwendeten Leinen. – 2. In der Berufsschifffahrt Bezeichnung der Hafenarbeiter, die die Trossen annehmen und an Land festmachen.

Finish (das) Begriff (aus dem Englischen), der mit dem Kunststoff-Bootsbau aufkam. Ursprünglich Kriterium für die äußere Gelcoatschicht (gutes oder schlechtes Finish), inzwischen zu einem etwas verschwommenen Begriff ausgeweitet für die Gesamtfertigung beziehungsweise den Gesamteindruck eines Bootes.

Flybridge (die) Offener zweiter Steuerstand (Fahrstand) auf dem Kajütdach, der eine gute Rundumsicht ermöglicht. Von außen über eine Leiter, auf größeren Yachten auch von innen zugänglich. Gelegentlich auch: Flying Bridge.

Freibord (der) Die Höhe der Bordwand über der Wasserlinie.

GFK Abkürzung für glasfaserverstärkter Kunststoff, das Baumaterial, aus dem heute die meisten Motorboote hergestellt werden.

Hahnepot (die) Ein gespreiztes Ende, das die in seinem Scheitel angreifende Kraft auf zwei Punkte verteilt.

Havarie (die) Beschädigung eines Bootes durch Grundberührung, Kollision, Sturm oder Ähnliches. Auch ein Maschinenausfall zählt dazu.

Heck (das) Das hintere Ende eines Schiffes.

Heckplattform Eine am Heck montierte Plattform mit (abklappbarer) Leiter, die es ermöglicht, bequem ins und aus dem Wasser zu gelangen. Deshalb häufig auch als Badeplattform bezeichnet. Doch ist sie auf höherbordigen Booten eine unerlässliche Rettungseinrichtung, denn nur über eine Heckplattform ist es möglich, einen über Bord Gefallenen wieder an Bord zu bekommen. An Booten mit Z-Antrieben schützt sie gleichzeitig die das Heck nach hinten überragenden Außenbordaggregate vor Beschädigungen.

Kajüte Ins Deck eingelassener abgeschlossener Wohnraum an Bord eines Bootes. Entsprechend der Lage spricht man von Vorder- und Achterkajüten.

Kimm (die) 1. Seemännische Bezeichnung für Horizont. – 2. Die Stelle, an der der Bootsrumpf die stärkste Krümmung aufweist. Bei Gleitbooten liegt die Kimm dort, wo Boden und Bordwand zusammenstoßen.

Kimmstringer Längsversteifung im Bootsrumpf, die an der Kimm sitzt.

Kinken (der) Eine in sich verdrehte Leine hat Kinken.

Klampe (die) Eine doppelarmige Knagge aus Holz, Metall oder Kunststoff zum Belegen von Leinen.

klarieren Etwas Unklares in Ordnung bringen.

Klüse (die) Eine Öffnung in Bordwand oder Schanzkleid zum Durchführen von Leinen, besonders der Ankerkette (Ankerklüse).

Knickspanter (der) Boote, deren Rümpfe einen eckigen Querschnitt haben. Alle Gleiter und Halbgleiter sind Knickspanter.

Knoten (kn) Nautische Geschwindigkeitsbezeichnung für Seemeilen pro Stunde. Der Ausdruck stammt von der Markierung der Logleine des alten Handlogs mit Knoten.

Kollision (die) Zusammenstoß mit Schiffen oder Gegenständen.

Kollisionskurs (der) Eine Fahrrichtung, die zwangsläufig zu einer Kollision führen muss, wenn sie von zwei oder mehr Schiffen (den Kollisionsgegnern) beibehalten wird.

Krängung (die) Schräglage (eines Bootes).

Kreuzsee (die) Wild durcheinander laufende Wellen, wie sie durch die sich schneidenden Bug- und Heckwellen begegnender Schiffe hervorgerufen werden.

Kurs (der) Die Richtung, in die ein Boot fährt. Kursänderung = Richtungsänderung.

Lee Die dem Wind oder dem Strom (Strom-Lee) abgekehrte Seite. (Gegensatz: Luv.)

lenzen 1. Ein Boot leerpumpen oder ausschöpfen. – 2. Mit einer Motoryacht vor schwerer See herlaufen.

Lippe (Lippklampe) Klauenartige Durchführung für Leinen im Schanzkleid oder an Deck.

Log (das) Messinstrument für die Geschwindigkeit. Es arbeitet mit einem im Unterwasserschiff angebrachten Impeller, der durch das anströmende Wasser unterschiedlich schnell in Rotation versetzt wird.

Lot Messinstrument für die Wassertiefe. Das Handlot besteht aus einem Gewicht an einer markierten Leine. Das Echolot arbeitet elektro-akustisch.

Luv Die dem Wind oder dem Strom (Strom-Luv) zugekehrte Seite.

Manöver Bezeichnung für alle Tätigkeiten, die irgendwelche Veränderungen in der Bootsführung bewirken. Beispielsweise Ablegemanöver, Ankermanöver, Überholmanöver.

Motorwanne Eine Mulde im Achterschiff von Außenborderbooten, in die der Kopf schwenkt, wenn der Motor hochgekippt wird. Sie ist selbstlenzend und hat Durchführungen für Steuer und Schaltkabel und Tankschlauch.

Muring (auch Mooring, die) Festmachemöglichkeit im freien Wasser. Meistens eine sicher verankerte Boje.

Niedergang Eingang und Treppe zu der meist tiefer als das Cockpit gelegenen Kajüte.

Ösfass Gefäß zum Wasserschöpfen (ösen), meist aus Kunststoff.

Pantry (engl.) Ursprünglich Speisekammer, doch hat sich diese Bezeichnung für die Koch- und Wirtschaftssektionen auf Booten allgemein gegenüber der früheren Kombüse durchgesetzt.

Persenni(n)g (die) Eine wasserdichte Abdeckplane für das Cockpit oder das ganze Boot.

Poller (der) Starker kurzer Pfahl aus Holz, Metall oder Stein zum Festmachen von Leinen an Land. Auch die kleineren Versionen an Deck heißen Poller. Man unterscheidet, je nach Form, einfache, Doppel-, Kreuz- und Doppelkreuzpoller.

pullen Seemännische Bezeichnung für rudern.

Ruder Das Steuer auf Schiffen, mit dem gesteuert (und nicht etwa gerudert) wird. Das Ruderrad, mit dem man »Ruder legt«, wird auf Motorbooten im Allgemeinen jedoch als Steuerrad bezeichnet.

Ruderblatt Der unter Wasser befindliche Teil des Ruders, der die Richtungsänderung (Kursänderung) bewirkt.

Ruderlageanzeige Instrument auf dem Fahrstand, das die Stellung des Ruderblattes zur Mittschiffslinie anzeigt. Eine große Erleichterung bei allen Fahrmanövern.

Rundspanter Boote, deren Rümpfe einen runden Querschnitt haben. Fast alle Verdränger sind Rundspanter. (Gegensatz: Knickspanter).

schamfilen Scheuern, reiben.

Schanzkleid Eine Erhöhung der Bordwand über das Deck hinaus. Üblich auf größeren Motoryachten.

Schott (das) Querwand, möglichst wasserdicht, auf Booten. (Mehrz.: Schotte.)

Schwell (der) In Häfen hineinstehende schwache Dünung. Von vorbeifahrenden Schiffen verursachter Wellenschlag.

schwojen Das Pendeln eines Bootes um seinen Anker oder seine Muring, hervorgerufen durch Wind oder Strom.

Seemeile (sm) Sie ist 1852 m lang. In der Seefahrt (aber nicht in der Binnenschifffahrt) werden alle Entfernungen in sm angegeben.

Seeventil Absperrhahn an allen Wasser führenden Leitungen, die den Bootsrumpf durchbrechen: Kühlwasser, Abflüsse von Waschbecken, WC etc.

slippen 1. Das Zuwasserbringen eines Bootes auf einem Slip, einer Bootsrampe. – 2. Schnelles Loswerfen einer Leine. »Auf Slip belegen«.

Spiegel Der Abschluss des Hecks. Man spricht auch von einer Spiegel- oder Heckplatte.

Spill (das) Eine Winde zum Aufholen von Leinen und Trossen (Ankerspill).

Spring (die) Zusätzliche Festmacheleinen zu der Vor- und Achterleine, die eine Bewegung des Bootes in der Längsrichtung verhindern.

Stander (der) Kurze dreieckige Flagge (Clubstander), im Gegensatz zum Wimpel, der auch dreieckig, aber lang und schmal ist.

Standerschein Die Berechtigung zum Führen des Clubstanders.

Steuerbord (Stb) In Fahrtrichtung gesehen die rechte Seite eines Bootes. Rechts.

Steven (der) Vorderer und hinterer Abschluss des Bootsrumpfes, entsprechend Vor- und Achtersteven. Häufig gleichgesetzt mit Bug und Heck.

Stringer (der) Versteifung des Bootsrumpfes in Längsrichtung. »Gleitstringer« sind keine Stringer, sondern dem Rumpf außen aufgesetzte Kunst-

stoffprofile zur Verbesserung des dynamischen Auftriebs.

Topp (der) Spitze (des Mastes). Topplicht ist die am höchsten angebrachte Laterne.

Toppzeichen Auf Baken oder Tonnen (landfesten und schwimmenden Fahrwassermarkierungen) angebrachte besondere Kennzeichen wie Kegel, Ball, Zylinder etc.

Törn 1. Eine längere Bootsfahrt. – 2. Ein ungewollt in eine Leine eingedrehtes Auge. Eine vertörnte Leine = unklare Leine.

Trailer Ein- oder doppelachsiger Bootsanhänger. Bis zu einer Achsbelastung von 375 kg kann er ungebremst sein, darüber hinaus muss er eigene Bremsen haben.

Verdrängung Gewichtsangabe für eine Yacht in kg oder t. Gewicht der Yacht = Gewicht des verdrängten Wassers.

verholen Ein Boot mit Leinen von einem Platz zu einem anderen Platz bringen.

Vorluk Eine verschließbare Luke auf dem Vordeck. Auf kleineren Booten meist nur ein kleines Arbeitsluk, auf größeren der Einstieg in die Vorschiffsräume.

Vorschiff Der vor dem Kajütaufbau liegende Teil eines Bootes.

Wahrschau Gib Obacht! Vorsicht! Wahrschauen = jemanden benachrichtigen, warnen.

Wasser machen Ein Schiff leckt, ist undicht.

Stichwortverzeichnis

Die amtlichen Prüfungsfragen und -antworten für Übungszwecke

Nur wenige Fragebogen entscheiden, ob man den Sportbootführerschein Binnen bekommt oder nicht. Wie gut, wenn man schon vorher weiß, was auf einen zukommt. Wie die Fragen gestellt sind. Wie die Antworten lauten. Damit der Führerschein nicht ins Wasser fällt: Prüfen Sie Ihr Wissen zu Hause. Mit Übungsfragebogen, die inhaltlich mit den amtlichen Bogen identisch sind. Mit Antwortbogen zur sofortigen Erfolgskontrolle.

Weitere Bücher, Videos und Software zum Thema "Sportbootführerscheine"
• im Buch- und Fachhandel
• direkt beim Delius Klasing Verlag, Postfach 10 16 71, 33516 Bielefeld
• unter www.delius-klasing.de/shop

**Sportbootführerschein
Binnen – Motor**
*Die amtlichen Prüfungsfragen und
-antworten für Übungszwecke*

25 Fragebogen farbig und
25 Antwortbogen,
Format DIN A 4, in Mappe

ISBN 3-7688-0707-X

**Sportbootführerschein
Binnen – Segel / Motor**
*Die amtlichen Prüfungsfragen
und -antworten für Übungszwecke*

35 Fragebogen farbig und
35 Antwortbogen,
Format DIN A4, in Mappe

ISBN 3-7688-0706-1

DELIUS KLASING